**Kohlhammer**

Sebastian Zimmermann

# FIFTY SHRINKS

Portraits aus New York

Verlag W. Kohlhammer

Dieses Werk einschließlich aller seiner Teile ist urheberrechtlich geschützt. Jede Verwendung außerhalb der engen Grenzen des Urheberrechts ist ohne Zustimmung des Verlags unzulässig und strafbar. Das gilt insbesondere für Vervielfältigungen, Übersetzungen, Mikroverfilmungen und für die Einspeicherung und Verarbeitung in elektronischen Systemen.
Es konnten nicht alle Rechtsinhaber von Abbildungen ermittelt werden. Sollte dem Verlag gegenüber der Nachweis der Rechtsinhaberschaft geführt werden, wird das branchenübliche Honorar nachträglich gezahlt.

Dieses Werk enthält Hinweise/Links zu externen Websites Dritter, auf deren Inhalt der Verlag keinen Einfluss hat und die der Haftung der jeweiligen Seitenanbieter oder -betreiber unterliegen. Zum Zeitpunkt der Verlinkung wurden die externen Websites auf mögliche Rechtsverstöße überprüft und dabei keine Rechtsverletzung festgestellt. Ohne konkrete Hinweise auf eine solche Rechtsverletzung ist eine permanente inhaltliche Kontrolle der verlinkten Seiten nicht zumutbar. Sollten jedoch Rechtsverletzungen bekannt werden, werden die betroffenen externen Links soweit möglich unverzüglich entfernt.

Alle Psychotherapeutinnen und Psychotherapeuten haben mir versichert, dass sie der allgemeinen Schweigepflicht gefolgt sind, so dass alle Patientinnen und Patienten, die in diesem Buch Erwähnung finden, entweder rein fiktiv oder eine Zusammensetzung unterschiedlicher Personen sind, was ihre Identifizierung unmöglich macht, so wie es die amerikanischen HIPAA-Standards vorgeben.

1. Auflage 2019
Alle Rechte vorbehalten
© W. Kohlhammer GmbH, Stuttgart
Umschlagsabbildungen:
Martin Bergmann (Vorderseite) Jamieson Webster (Rückseite)
Gesamtherstellung:
W. Kohlhammer GmbH, Stuttgart

Print: ISBN 978-3-17-036445-5
E-Book-pdf: ISBN 978-3-17-036446-2

Fotografien © Sebastian Zimmermann 2014
Texte in der englischen Originalfassung © Sebastian Zimmermann
Textlektorat: Renée Silverman
Essay „The Therapeutic Interior" © Elizabeth Danze 2014
Nutzung der deutschen Übersetzung von Corinna Roßnick mit freundlicher Genehmigung von Zweitausendeins. Copyright © 2018 für die deutsche Übersetzung by Zweitausendeins GmbH & Co. KG, www.zweitausendeins.de

# Vorwort

Wie jede erfolgreiche Psychoanalyse entwickelte sich „Fifty Shrinks" langsam und in Schüben: in unzähligen Treffen, manche mühselig, andere erfüllt von Geistesblitzen und Perspektivwechseln, und das alles neben einer Vollzeitstelle als Psychiater und einem ausgefüllten Familienleben. Was ursprünglich als eine kreative Nebenbeschäftigung begann, entwickelte sich allmählich zu einem Kompendium von Portraits meiner Kolleginnen und Kollegen. Es reflektiert den wichtigsten Bestandteil meiner beiden Passionen Psychiatrie und Fotografie: einfühlsame Beobachtung.

In einem Beruf, der vor allem die Hilfe für Patienten in den Mittelpunkt stellt, neigen Psychotherapeuten gern dazu, von sich selbst abzulenken – tatsächlich versuchen sie gezielt, jede Aufmerksamkeit zu vermeiden. Soviel ich weiß, gab es bisher nie einen Bildband, der die Vielfältigkeit der praktizierenden Psychotherapeuten der Gegenwart zeigt. Ich hoffe, dass dieses Buch die Lücke schließen und inspirieren kann. Meine Kolleginnen und Kollegen haben mir freundlicherweise gestattet, sie in ihren Analysezimmern aufzunehmen und zu einem Teil meiner fotografischen Studie zu machen. Ich habe mit besten Mitteln versucht, ihnen das Feingefühl und den Respekt entgegenzubringen, mit dem sie auch ihren Patienten begegnen.

Die Idee für dieses Projekt entstand, als ich 2001 in New York City mit dem Aufbau meiner eigenen psychiatrischen Praxis begann. Während der ersten Monate dort wurde mir zunehmend der Widerspruch bewusst, dass, obwohl ich in meinem Beruf den ganzen Tag mit vielen Menschen zu tun habe, ich mich trotzdem völlig isoliert fühlte.

Jede Woche eröffnen sich in meinem Büro neue Welten. An einem typischen Tag kommen die unterschiedlichsten Menschen zur Tür herein, von einem angstgeplagten Wall Street-Broker zu einem überforderten Jazzkomponisten bis hin zu einem depressiven, aber ehrgeizigen Oberstufenschüler und einem manischen Poeten in den Achtzigern. Und das alles vor der Mittagspause. Ich empfinde es als sehr belebend, wenn sich die bunte Vielfalt New Yorks in meinem Zimmer einfindet und sich mir alle fünfzig Minuten eine neue Subkultur offenbart.

Irgendwann begann ich mich allerdings zu fragen, wie es um die große Gemeinschaft meiner Kolleginnen und Kollegen bestellt ist? Uns alle eint der Wunsch, sich mit den Leiden von Geist und Seele zu befassen, doch worin unterscheiden wir uns? Und – falls überhaupt – was haben wir außer der Behandlung von Patienten gemeinsam? Wie zeigen sich unsere persönlichen Neigungen und Interessen in unseren Praxisräumen? Was verraten unsere Behandlungszimmer über uns als Ärzte und als Menschen?

Angetrieben von meiner Neugier und dem Wunsch nach kreativen Ausdrucksmöglichkeiten wandte ich mich meiner anderen Leidenschaft zu – der Fotografie. Dank meiner Lehrer am New Yorker International Center of Photography und meiner Mentorin Arlene Collins entdeckte ich einen ganz neuen Weg, menschliches Verhalten zu beobachten und zu verstehen. Selbst hinauszugehen und aktiv nach Bildmotiven zu suchen – statt in einem Büro zu sitzen und Patienten zu empfangen – war das beste Gegenmittel zu meiner kopflastigen und bewegungsarmen Arbeit. Es befreite mich aus den Grenzen, die mir mein Schreibtisch, die unvoreingenommene Sachlichkeit meines Berufs und die eigenen vier Wände setzten.

Die Analysezimmer der Psychotherapeutinnen und Psychotherapeuten sollten mein Ausgangspunkt sein. Im Gegensatz zu den Behandlungsräumen anderer Fachärzte mit all ihren Apparaten, Untersuchungstischen und Rollhockern, braucht das Zimmer eines Therapeuten nicht viel mehr als eine Sitzgelegenheit für Arzt und Patient. Es ist jedoch mehr als ein gewöhnlicher Raum, denn in ihm setzen Therapeutin und Therapeut ihr jeweiliges Konzept eines idealen und gleichzeitig zweckmäßigen Raumes für psychotherapeutische Gespräche in die Realität um. In diesen vier Wänden offenbaren Patientinnen und Patienten ihre intimsten Gefühle, verdrängte Erinnerungen, Ängste und unterdrückte Sehnsüchte. Die Arbeit an diesem Buch ermöglichte mir, den therapeutischen Praxisraum als gleichgesinnter Kollege und ebenso als losgelöster Beobachter zu ergründen.

Eines meiner ersten Porträts war das des eminenten, sehr beliebten Psychoanalytikers Dr. Martin Bergmann. Er praktizierte bis kurz vor seinem 101. Geburtstag in einem großzügigen Penthouse mit herrlichem Blick über den Central Park. In seinem Büro fühlte ich mich in eine hochzivilisierte Welt versetzt, in der die Zeit stillsteht und in dem man sich in aller Seelenruhe einer klassischen Freudschen Psychoanalyse unterziehen kann. Bereits auf dem Weg zu seiner Praxis wird man buchstäblich aus dem Hässlichen und Alltäglichen emporgehoben und zu einem besinnlicheren Ort befördert, der aus der Vogelperspektive auf die Welt hinabschaut. Es ist ein Ort, der zu großen Gedanken inspiriert; so einladend, dass man unwillkürlich hofft, niemals geheilt zu werden, damit man nicht wieder zurück auf die Erde verbannt wird.

Ein kurzer Spaziergang durch den Central Park auf die West Side bringt mich in eine völlig andere Welt – in die des unnachahmlichen Psychoanalytikers Dr. Michael Eigen. Sein spartanisches Büro wirkt, als wäre es noch in der Einrichtungsphase. Vielleicht ist dieser unfertige Eindruck von ihm beabsichtigt und soll die Patienten dazu anregen, die auffällige Leere mit unausgesprochenen Gefühlen und ungelösten Konflikten zu füllen. Auf jeden Fall lassen die aufgestellten Plastikklappstühle und die sich auf dem Boden umher windenden Kabel vermuten, dass die Gedanken seines Bewohners vollends mit dem hehren Streben nach der Ergründung von Mysterien beschäftigt sind. Eine unbeschriebene Leinwand frei von tieferer Bedeutung oder unterschwelliger Botschaft und die ansonsten fast vollständige Abwesenheit dekorativer Elemente lassen Dr. Eigens Raum zu einem vorübergehenden Gefäß für eigene, noch so kleine Perspektivwechsel werden. Nichts lenkt vom Gespräch ab – allein der Dialog selbst und die emotionalen Nuancen sind maßgeblich für die Genesung und den Erkenntnisprozess des Patienten.

Außer den Doktoren Bergmann und Eigen habe ich dutzende andere Kolleginnen und Kollegen in ihren Praxen fotografiert; Ärzte und Psychologen mit den verschiedensten Werdegängen – Psychiater, Psychotherapeuten und Psychoanalytiker – und jeder von ihnen basiert seine Behandlungsmethoden auf seinen persönlichen Ausrichtungen und Spezialgebieten: Psychodynamik, kognitive Verhaltenstherapie, Interpersonellen Therapie, Relationale Psychoanalyse und vieles mehr.

Im Laufe der ersten Fotosessions wurde mir bewusst, dass ich für ein vollendetes Portrait auch die Quintessenz der faszinierenden Gespräche, die ich mit meinen Kolleginnen und Kollegen führte, mit einbeziehen musste. Ich begann Interviews mit meinen Kollegen zu führen und bat sie, Details ihrer Arbeit zu schildern. Die Zusammenfassungen dieser Interviews ergänzen die Fotografien und offenbaren die Sichtweise der Ärzte und Psychologen sowie eine Vielzahl von Schwerpunkten ihrer Arbeit. Einige Therapeutinnen und Therapeuten, wie zum Beispiel Jamieson Webster, schrieben ihre eigenen Essays; ein paar andere, beispielsweise Donnel Stern, fühlten sich am besten durch Auszüge aus ihren Büchern dargestellt. Es war nicht einfach, die richtige Balance zwischen offenem Austausch und der Verpflichtung zur Verschwiegenheit zu finden. Sofern im Buch Patientinnen oder Patienten genannt werden, sind sie rein fiktional oder sie bilden eine Mischung aus verschiedenen Personen, oder aber sie sind so verfremdet, dass ihre Identität nicht mehr erkennbar ist.

„Fifty Shrinks" stellt Koryphäen, welche die Grenzen ihrer Profession neu definiert haben, neben aufstrebende Berufseinsteiger. Ich bin allen Therapeutinnen und Therapeuten zu Dank verpflichtet, dass sie ihre Zeit und Erfahrung so großzügig mit mir geteilt haben. Ich habe von ihnen allen viel über die Theorie und Praxis der Psychotherapie dazugelernt.

Durch die Arbeit an diesem Buch entwickelte ich einen größeren Respekt für meine Kolleginnen und Kollegen, die mit der ganzen Bandbreite menschlichen Verhaltens, selbst den dunkelsten und verstörendsten Neigungen, konfrontiert werden. Jeder Therapeut, dem ich begegnete, beeindruckte mich mit seiner Hingabe, Symptome zu lindern und das Leben seiner Patienten zu verbessern. Dieses Buch ist ein Tribut an ihre Arbeit, die hinter den Kulissen stattfindet, in kleinen Zeiteinheiten, manchmal über viele Jahre hinweg, und die von Engagement und Mitgefühl geprägt ist. Ich hoffe, dass die Portraits aus „Fifty Shrinks" einen Blick hinter den Vorhang gewähren und den Leser für einen Moment am Berufsleben dieser engagierten Frauen und Männer teilnehmen lassen.

SEBASTIAN ZIMMERMANN, MD

## Der therapeutische Innenraum

Sebastian Zimmermanns Fotografien zeigen ein breites Spektrum von Psychotherapeutinnen und Psychotherapeuten und vermitteln eine gelungene Kombination aus Vertrautheit und Verbundenheit zu den Abgebildeten. Aufschlussreich und hintergründig zugleich bezeugen sie sowohl Zimmermanns Talent als Fotograf als auch sein tieferes Verständnis als Analytiker und Beobachter. Die Fotografien gewähren einen kurzen Blick in eine Welt, welche die meisten von uns selten zu sehen bekommen und kaum verstehen. Es sind keine öffentlichen Räume; sie sind äußerst vertraulich und persönlich. Jeder eine Welt für sich, die überaus privat bleibt. Doch dank Zimmermanns Bilder fühlen wir uns dem Analytiker verbunden, und indem wir die Fotografien betrachten, können wir uns leicht in die Rolle des Patienten hineinversetzen.

Aufgenommen im Büro des jeweiligen Analytikers, beleuchten die Fotografien die Persönlichkeiten der Porträtierten. Mit verschiedensten persönlichen Gegenständen ausgestattet sind die Büros so unterschiedlich wie ihre Besitzer. Was erzählen uns die Objekte in einem Behandlungszimmer über denjenigen, der sie ausgewählt hat? Das kleinste Detail – sei es ein Aspekt des Raumes oder ein Gegenstand innerhalb des Raumes – kann als Tor zu einer anderen Welt fungieren. Ebenso wie die kleinste Betrachtung stark vergrößert Dinge wahrnehmen lässt, die vorher nicht da waren.

Während einer Therapie bilden diese Gegenstände wirksame Anreize zur Assoziation. Erinnerungen, Gefühle und Gedanken eines Patienten werden vielleicht ähnlich wie die Gegenstände im Raum offengelegt, um dann eingehend untersucht, überdacht und wiederaufgebaut zu werden. Kunstwerke und mehrdeutige Objekte laden ein zu Träumen und Fantasien. Die Gegenstände fördern und repräsentieren Vorstellungskraft – zum einen die Vorstellungskraft ihres Schöpfers, zum anderen die Vorstellungskraft des Betrachters. Für den Patienten haben die Gegenstände eine gewisse Reinheit, da sie frei sind von persönlichen Bezügen – und damit bestens geeignet für symbolische Interpretationen. Die ursprüngliche Bedeutung der Objekte und Bilder bleibt im Verborgenen. Sie können provozieren und gleichzeitig als kahl und stumm wahrgenommen werden – ein leerer Raum, der darauf wartet, gefüllt zu werden.

Als Architektin bin ich schon lange fasziniert von diesem Heiligtum. Ich werte die Rolle dieser Räume weder als stillschweigend noch als passiv, sondern vielmehr als aktiven Bestandteil der kreativen Umsetzung der Therapie. Es ist eine Verschmelzung aus Büro, Untersuchungsraum, Beichtstuhl und Nest. Jeder Raum vermittelt ein Gefühl von Zuflucht, Schutz und Sicherheit, ohne neutral oder unbeteiligt sein zu müssen. Er vermag anzuregen oder gar zu provozieren: zu Selbstbetrachtung, Erkenntnis und Entwicklung. So beteiligt er sich unterstützend an der Therapie, die in seinen vier Wänden stattfindet.

In der Aufnahme der Praxis von Martin Bergmann fängt Zimmermann die einzigartige Persönlichkeit und Individualität seines Motivs ein. Bergmann sitzt auf der Couch, sein Blick gedankenverloren nach unten gerichtet. Der Raum ist bemerkenswert: ein Eckzimmer mit Blick über den Central Park. Es wird bestimmt und strukturiert durch Bücherregale, die den Blick in die Ferne einrahmen. Man fühlt sich in dem Zimmer geerdet, symbolisch umgeben vom gesammelten Wissen, welches sicher in den Büchern ruht. Und doch kann man sich ebenso leicht vorstellen, auf der Couch zu sitzen – oder gar zu liegen – und sich dem atemberaubenden Blick in die endlose Weiten verbunden zu fühlen. Die Couch, in etwa so hoch wie das Fensterbrett, bietet gleichzeitig Schutz und Befreiung, eine nahezu paradoxe Kombination aus dem Gefühl einer sicheren und behaglichen Zuflucht und eines uneingeschränkten und grenzenlosen Empfindens von Erweiterung und Besinnung. Die Begrenzungen des Raumes verdeutlichen die Gegensätzlichkeit des Inneren und Äußeren, welches all unsere menschlichen Erfahrungen durchdringt.

Wenn ein Patient auf den Verlauf seiner Therapie zurückschaut, bleibt immer auch der Raum, in dem die Therapie stattfand, unauslöschlich in Erinnerung. Für eine Zeitlang immer wieder an diesen Ort zurückzukehren, hat einen besonderen Effekt: Er wird zu etwas Vertrautem, etwas Eigenem, dem man spürbar verbunden ist. So beschreibt es der französische Philosoph Gaston Bachelard in seiner „Poetik des Raums": „Man kehrt dahin zurück, man träumt davon, zurückzukehren, wie der Vogel in sein Nest zurückkehrt, wie das Lamm in seinen Pferch zurückkehrt. Dieses Merkmal der Rückkehr kennzeichnet unendliche Träumereien, denn die Rückkehr geschieht im großen Rhythmus des menschlichen Lebens, ein Rhythmus, der die Jahre überschreitet und im Traum gegen alle Formen der Abwesenheit kämpft." Der Ort, an dem Umwandlung durch psychotherapeutische Arbeit erreicht wird, kann fast ebenso aufwühlen wie die Therapiegespräche selbst. Etwas Derartiges leistet kein anderer architektonischer Raum. Diese Zimmer sind losgelöste, schwebende Vehikel; Orte, die Zuflucht und Schutz, Heilung und Versöhnung bieten. Geformt aus Raum, Materie, Oberflächen und Licht, illustrieren sie die Charaktere und Geschichten, die in ihnen wohnen.

ELIZABETH DANZE, PROFESSORIN FÜR ARCHITEKTUR
UNIVERSITY OF TEXAS IN AUSTIN

*Die einzig normalen Menschen sind die, die man nicht besonders gut kennt.*

*– Alfred Adler*

## Donnel B. Stern, PHD

In der Psychoanalyse und der Psychotherapie haben wir oft lange Zeit nicht die leiseste Ahnung, wonach genau wir eigentlich suchen, noch wissen wir, wie wir es erkennen, wenn wir es denn finden. Trotzdem entdecken wir es am Ende meistens doch. Das heißt für uns, dass wir lernen müssen, dort nachzuschauen, wo wir am wenigsten sehen können – an den dunklen Orten. Ich wage sogar zu behaupten, Psychoanalytiker zu sein heißt, diese dunklen Orte und die dort lauernden Abgründe – oder auch nur die Suche nach diesen Abgründen – zu lieben. So wie die Menschen, die zur Behandlung zu uns kommen, neigen wir im Grunde dazu, jede Art von Dunkelheit zu meiden. Doch ein anderer Teil von uns entwickelt mit der Zeit eine gewisse Art von Gelassenheit in dieser Dunkelheit – eine Art Behagen im Unbehagen, so etwas wie Akzeptanz – denn wir wissen bereits, dass wir das, was wir suchen, früher oder später hier finden werden[1].

## Jamieson Webster, PhD

Seit er fünf Jahre alt war, träumte einer meiner jugendlichen Patienten immer wieder, dass er aus dem Bett fällt. Es gab nichts zum Festhalten. Er rutschte einfach ab – ob nach rechts oder links. Er wurde von seiner High School zu mir geschickt, weil er bezeichnenderweise Schmieröl auf die Klassenflure gegossen hatte. Jeder sollte mit ihm stürzen. Jetzt auf der Therapiecouch befindet er sich immer noch im freien Fall. An manchen Tagen, nur ab und an, findet er etwas, woran er sich festhalten kann, und wenn es nur die inbrünstige Vorstellung eines Ortes ist, der ihn nicht zu Fall bringt. An anderen Tagen lernt er, wie man in einer Welt, in der man sich ständig im freien Fall befindet, mit etwas mehr Würde oder gar Freude und mit weniger Angst und weniger ungezügelter Aggression fallen kann. Aber letzten Endes entgleitet ihm auch das immer wieder und er fällt weiter.

„Wir alle fallen", schreibt Rilke in seinem Gedicht „Herbst" und am Ende weckt er in uns die Frage: „Gibt es Einen, welcher dieses Fallen unendlich sanft in seinen Händen hält?". Dies ist eine der größten Fragen, die Patienten an ihre Therapeuten richten, so wie sie früher an Priester gerichtet wurde, als man sein Schicksal noch allgemein in Gottes Händen wähnte. Wie antwortet darauf der Psychoanalytiker, jenes seltsam stille Wesen, das irgendwann zwischen Ende der religiösen Ära und Beginn des Zeitalters der säkularen Wissenschaft das Licht der Welt erblickte?

Einige sind der Auffassung, dass der Analytiker dank seines Einfühlungsvermögens und seines offenen Ohres, dank seiner beharrlichen Neutralität und der zuverlässigen Regeln dieser Eine ist, der den Fall auffangen kann. Andere wiederum – zu denen wohl auch ich gehöre – meinen, dass der Analytiker selbst fallen muss. Die harte und unumgängliche Wahrheit ist, dass wir alle fallen. Niemand bleibt davon verschont. Paradoxerweise eint uns dabei, dass dieser Zustand uns allen eine gewisse Gelassenheit aufzwingt. Diese ist Basis und Begleiter aller Gefühlsregungen.

Jeder Termin bei einem Psychoanalytiker – ein bestimmter Raum an einem bestimmten Tag, auf einer Couch, mit diesen Träumen, jenen Leiden und anderen Freuden – lädt zum Loslassen ein. Man gleitet im Gespräch durch traumhaftes Behagen, der Sehnsucht nach Gänze, verzweifelt hoffend, verirrt sich, wartet, fragt sich, wo oder wie das wohl enden kann. Das Ziel einer Sitzung ist der Moment, an dem das Behandlungszimmer für eine Zeit lang genau wie alles andere wird – ein Ort, an dem man sich fallen lässt und Schwäche zeigt. So wie seit antiken Zeiten – ob Ikarus, Narziss, Odysseus, Penelope oder Iphigenie. Aber wie anders die Welt danach aussieht!

Dieser Abstieg ist es auch, den der französische Psychoanalytiker Jacques Lacan zum zentralen Kern seiner Ödipus-Auslegung gemacht hat: Es waren am Ende nicht die Schuppen, die Ödipus aufgrund der Erkenntnis von den Augen fielen; vielmehr fielen ihm – bzw. stach er sich selbst – die Augen aus.

Ich vertrete die Auffassung, dass sich grundlegende Verhaltensweisen niemals mit der Frage, worauf man hofft, verändern lassen. Diese wird immer spekulativ beantwortet. Vielmehr sollte die Frage, woher diese Hoffnung kommt und was einen zu Fall bringt, im Vordergrund stehen. Dann verschwindet das Reale – Hände, Augen, Ohren, Brüste – aus der Wahrnehmung und macht Platz für so viel mehr. Platz, in dem Sehnsucht und Verlangen den höchsten Gipfel erreichen können – bevor es wieder abwärts geht.

# Henry Zvi Lothane, MD

In der Psychoanalyse nutze ich oft die Konfrontationstechnik. Ich konfrontiere meine Patienten mit ihren Heucheleien und Unsicherheiten. Ich stoße sie mit der Nase darauf. Und dann erkläre ich ihnen ihr Verhalten und bespreche die Gründe dafür.

G., eine 69-jährige Frau, war als Kind von ihren Eltern und ihrem Bruder schwer körperlich und seelisch misshandelt worden. Ich behandelte sie seit zehn Jahren und fragte mich manchmal, ob ich sie psychologisch betreute oder ihr Sparringspartner war. Hier eine kleine Begebenheit, die zeigt, was ich meine: G. trat ins Zimmer, zeigte auf die Blumen auf meinem Tisch und fragte: „Woher haben Sie diese hübschen Margeriten?" „Das sind keine Margeriten, das sind Chrysanthemen", antwortete ich. Worauf G. entgegnete: „Nein, sind es nicht!" An dieser Art des provokativen Verhaltens hatten wir schon lange Zeit gearbeitet. Ich konfrontierte sie: „Warum verdrehen Sie Tatsachen wider besseren Wissens? Was wollen Sie damit erreichen?" Nach einigen Verteidigungsmanövern gab sie dann zu, dass sie wusste, dass es Chrysanthemen waren. „Angriff ist die beste Verteidigung", meinte sie. Sie hatte mich einfach nur auf den Arm nehmen wollen.

In der Vergangenheit und auch jetzt noch geriet G. ständig in Schwierigkeiten, weil sie streitsüchtig war und sich gedankenlos und provokativ äußerte. Es fiel ihr schwer, Beziehungen einzugehen und sie hatte viele Kollegen und Freunde vor den Kopf gestoßen.

Ich erklärte ihr: „Sie machen bei mir dasselbe, was Sie auch draußen tun. Nur hat das hier keine Konsequenzen. Wenn Sie sich jedoch so im Beruf verhalten und Ihren Vorgesetzten verärgern, machen Sie sich selbst das Leben schwer! Das können Sie vermeiden, indem Sie akzeptieren, dass Ihnen Ihr Verhalten schadet.

Es brauchte viele weitere Gespräche, um zu erkennen, dass G. mit ihrem Verhalten ihre Wut auf ihre Mutter und ihren Bruder kompensierte. Und sie verarbeitete damit auch die Wut auf sich selbst, weil sie unfähig gewesen war, ihre Eltern und ihren Bruder zur Rede zu stellen und dadurch so viel Lebenszeit verschwendet hatte. Auch auf mich verspürte G. Wut, weil ich sie noch nicht geheilt hatte. Wie so oft in vorangegangenen, ähnlichen Situationen verhielt sich G. unfassbar widersprüchlich – sie leugnete bewusst die eigene Wahrnehmung, indem sie meine Blumen als Margeriten bezeichnete. Man musste sie mit ihrem gedankenlosen Gerede konfrontieren – genau das war es, womit sie die Leute so verärgerte.

Mit der Zeit wurde sich G. dieses selbstzerstörerischen Verhaltensmusters bewusst und war dadurch fähig, sich zu ändern. Indem sie aufhörte, Mustern zu folgen, die in ihrer Vergangenheit begründet waren, konnte sie sich im gegenwärtigen Leben besser anpassen.

## Kate Bar-Tur, LCSW, FIPA

Ich wuchs in einer Sommer-Kommune mit vielen Psychoanalytikern und Kindern von Psychoanalytikern auf und durchlebte gleichzeitig die stürmische, neun Jahre anhaltende Trennung meiner Eltern. Während ich also umgeben war von fürsorglichen Erwachsenen, die verständnisvoll und beherrscht über Emotionen sprechen konnten, erlebte ich das unbeherrschte Chaos meiner Eltern, die sich anders benahmen als je zuvor und nicht wiederzuerkennen waren – nicht für sich selbst und nicht für mich.

Nach einer Karriere in anderen Berufsfeldern – Theater, Produktion, Fernsehen, Verlagswesen – hatte ich mich verlobt und wollte nicht weiterhin an Wochenenden und Feiertagen arbeiten, wie ich es getan hatte, als ich noch alleinstehend war. Mein Ehemann versicherte mir, dass er mich bei der Suche nach einer neuen Aufgabe unterstützen würde und mir wurde klar, dass ich schon immer Psychoanalytiker werden wollte. Also begann ich die Ausbildung und baute mir letztlich meine eigene Praxis auf.

Im Lauf der Zeit stellte ich fest, dass ich mich besonders für die therapeutische Behandlung von Menschen interessierte, die Trennung und Scheidung durchlebten. Mir ist bewusst, dass es ein Rückfall in die Vergangenheit ist, wenn ich mich, nun beruflich und gut geschult, zwischen zankende Eltern wage. Natürlich ist es auch ein Nachhall und der Wunsch, die Vergangenheit zu reparieren, aber eben aufgrund der Kombination aus eigener Erfahrung und einer professionellen Ausbildung vermag ich Menschen in solch chaotischen und schwierigen Lebenslagen zu helfen.

Als Analytiker müssen wir uns selbst analysieren lassen – das war die brillante Erkenntnis von Freud. Menschen, die sich aufgrund einer Trennung oder Scheidung im Ausnahmezustand befinden, tun oft Dinge, die auch in einem selbst etwas auslösen. Man muss wissen, wer man ist und woher man kommt. Hätte ich mich nicht selbst analysiert, wäre es für mich sehr schwer, meinen Beruf so auszuüben.

Mir ist es wichtig, Eltern dabei zu helfen, zu verstehen, dass grundlegende Veränderungen in der Familie große Auswirkungen auf ihre Kinder haben – im Guten wie im Schlechten. Wenn sich Menschen trennen, denken sie oft, dass ihr Leben nie wieder so gut wie vorher sein wird. Ich verdeutliche ihnen, dass Veränderung – selbst wenn es sich entsetzlich anfühlt – ihr Leben auf lange Sicht verbessern kann.

## Michael Eigen, PHD

Die Umgebung wird ausgeblendet. Manche Patienten haben anfangs ein Problem mit dem einen oder anderen Aspekt meines Arbeitszimmers oder damit, weshalb es so aussieht und was das über mich aussagt. Eine Patientin sagte einmal, es wäre, als ob sie sich im Inneren ihrer psychotischen Mutter befände und dass sie weder bleiben noch mit mir arbeiten könne. Ein anderer hatte etwas gegen meine Stühle und er fragte sich, wenn ich mich nicht einmal um einen richtigen Stuhl kümmern würde, wie ich mich dann um ihn kümmern könnte.

Sobald die Behandlung beginnt, begeben sich die meisten Patienten an einen anderen Ort. Therapiesitzungen können einen eigenen Zauber bewirken; abhängig von der Stimmungslage wird das innere und äußere Umfeld anders wahrgenommen. Das Empfinden steht im Vordergrund und erschafft eigene Welten. Ich habe meinen Praxisraum nicht bewusst so eingerichtet. Es ist einfach passiert. Aber ich bin ein Kind der Beatnik-Generation der 1950er-Jahre. Meine Eltern waren Einwanderer und unser Zuhause eine eigenwillige Mischung aus harter Arbeit und innerer Freiheit. Ich habe als kleines Kind viele Stunden völlig vertieft in magischen Fantasiewelten verbracht, ohne dass ich unsere Wohnung, die aus heutiger Sicht karg und klein erscheinen mag, überhaupt wahrnahm. Ich interessiere mich weniger für den Raum als für die Zeit, und meine Bücher – jedes ein Raum für sich – widmen sich Dramen psychischer Zeit. Wer hätte gedacht, dass ich Analytiker werde? Vielleicht meine Mutter, die mir immer riet: „Grab nicht zu tief." Irgendwie tat ich es doch und tue es nach wie vor, umso mehr, je älter ich werde.

In meiner Praxis bin ich seit Jahrzehnten völlig ausgebucht. Weshalb? Es liegt wohl an einem gewissen Kontakt zur übersinnlichen Realität, einem bestimmten Gefühl, der Vorliebe für Psycho-Talk. Viele sehnen sich nach dieser Art von Kontakt. Es scheint, dass es auf der Welt zu wenig davon gibt.

## Terry Smolar, PHD

M., ein neunjähriger Junge aus Lower Manhattan, musste mitansehen, wie die Türme des World Trade Centers während der Terroranschläge am 11. September 2001 einstürzten. Kurze Zeit später brachten ihn seine Eltern zu mir, da er Anzeichen einer posttraumatischen Belastungsstörung zeigte: starke Angstgefühle, Schlaflosigkeit, furchtbare Albträume. In der Schule war er unkonzentriert und aufsässig. Kleinigkeiten warfen ihn aus der Bahn – ein Feueralarm erschreckte ihn so sehr, dass er keine Luft mehr bekam und in die Notaufnahme gebracht werden musste.

Während unserer ersten Sitzung stellte ich M. Fragen über seine Familie, seine Schule, seine Lehrer und Klassenkameraden. Indem ich Interesse an seiner Person zeigte, begann er mir zu vertrauen. Bei traumatisierten Kindern ist es wichtig, die Dinge langsam anzugehen und eine freundliche, einladende Atmosphäre zu schaffen, in der sie sich allmählich öffnen und in Worte fassen können, was sie so ängstigt.

Wir bauten eine intensive Beziehung auf – er nannte mich Dr. Terry und ich war seine „Gefühlsärztin". Der Fahrstuhlführer hier im Haus ist sehr freundlich und wenn M. zu den Sitzungen kam, fragte er ihn immer: „Wie geht es dir heute?", und M. antwortete: „Oh, ganz gut, aber bald geht es mir noch besser, denn ich habe einen Termin bei meiner Gefühlsärztin!"

Mein Ziel war es, M. zur Einsicht zu verhelfen, dass Gebäude nicht einfach einstürzen, er nicht verletzt werde und seine Eltern nicht verschwinden würden. Wir bauten kleine Puppenhäuser mit Miniaturmöbeln und Puppenfamilien. Mit diesen kleinen Figuren spielte er die Szenarien durch, die ihm furchtbare Angst bereiteten – Bombenangriffe und einstürzende Häuser. Wir sprachen darüber, wie er diese schrecklichen Ereignisse verhindern könnte, damit niemand getötet wird. Oft spielte ich auch mit Handpuppen eine Situation vor, in der etwas Schlimmes geschah, und rief dann: „Hilfe, Hilfe! Wir müssen etwas tun!" Daraufhin entwickelte er Ideen, dachte sich eine neue Geschichte aus. Er wandelte die schreckliche Situation so um, dass sie ein konstruktives Ende fand.

Trauma-Symptome können über eine lange Zeit andauern. Umso mehr überraschte es mich, dass mein junger Patient nach nur achtzehn Monate frei von Symptomen war.

## Christopher Christian, PHD

Als Therapeut weiß ich, dass ich manchmal in meinem Beruf in eine Rolle schlüpfen muss, um einen Konflikt aus den früheren Beziehungen des Patienten zu spiegeln. Das ist die klassische unbewusste Rollenverteilung in einer Inszenierung; beide Beteiligten – der Patient und der Analytiker – reagieren aufeinander nach gelernten Mustern.

Jahrelang hatte ich eine Patientin, mit der ich diese klassische Rollenverteilung praktizierte. R. kam zu einer Sitzung, und ich fühlte mich jedes einzelne Mal hundemüde. Das geschah nur bei ihr – weder bei dem Patienten davor, noch bei dem danach. R. hatte sich in Behandlung begeben, weil sie von dem Gefühl geplagt war, nichts zu bieten zu haben. Diese Einstellung durchzog all ihre Beziehungen; sie fühlte sich ihrem Verlobten gegenüber minderwertig und hielt sich für weniger attraktiv als er. In ihrem Beruf wurde sie nie befördert und fühlte sich unsichtbar. Sie beklagte, dass ihre Kollegen sie nicht genügend wahrnahmen.

R. hatte in ihrem Leben einen schweren Schicksalsschlag erlitten. Sie hatte eine Zwillingsschwester bei einem Unfall verloren, wodurch die ganze Familie traumatisiert wurde. Während unserer Sitzungen wurde R. bewusst, dass sie als Kind wütend auf ihre Eltern gewesen war, die sie offenbar nicht so sehr liebten wie ihre verlorene und idealisierte Schwester. Sie kam zu dem Schluss, dass ihre Eltern es ihr übelnahmen, dass sie allein ihnen geblieben war.

„Ich bin wirklich nicht interessant", sagte sie zu mir. „Ich langweile Sie nur. Sie freuen sich sicher auf die nächsten Patienten."

Da war etwas Wahres dran, denn tatsächlich erschien sie mir etwas öde. Aber konnte es nicht auch sein, dass sie mich nur in Langeweile wiegen wollte, um mir dann vorzuwerfen, ich hätte als Therapeut versagt, so wie es schon ihre Eltern getan hatten?

Sie wies mich zurecht: „Wissen Sie, Sie sind als Analytiker eine Schlafmütze. Sie wissen mich genauso wenig zu schätzen." Mit dieser Aussage wurde mir bewusst, dass wir uns in einer Inszenierung befanden.

Auf dieser Hypothese aufbauend bat ich R., Fragen zu der Beziehung zwischen uns zu stellen. Ich zeigte ihr, an welchen Stellen sie die Beziehung zu ihren Eltern mit mir im Hier und Jetzt nachahmte. Mit der Zeit verstand sie, dass ihre eintönige Art ihr auch dazu diente, die Vergangenheit zu wiederholen, ihre Eltern zu bestrafen und sich selbst vor der eigenen Aggression und Sexualität zu schützen. Danach beschloss sie bewusst, sich zu bemühen, unterentwickelte Seiten ihrer Persönlichkeit zu verbessern, wodurch sie letzlich weniger langweilig wurde.

Ich muss erwähnen, dass diese Therapie Jahre in Anspruch nahm, welche die Patientin auf meiner Couch verbrachte. Leider sind diese Langzeittherapien heutzutage trotz ihrer Wirksamkeit rückläufig. Es dauert sehr lange, bis sich der Unterschied herauskristallisiert, ob man ein übermüdeter Analytiker ist oder ein Schauspieler, der eine vom Unterbewusstsein seiner Patientin vorgegebene Rolle übernimmt.

## Ken Eisold, PhD

Ein Großteil meiner Arbeit als Psychoanalytiker und Autor besteht darin, aufzuzeigen, wie der Berufsstand der Psychoanalyse es verfehlt hat – und es weiterhin verfehlt, in den Augen der Öffentlichkeit die Rolle zu spielen, die Freud für sie vorgesehen hatte. Ich muss zugeben, es ist nicht einfach, dieses Thema anzusprechen. Als Psychoanalytiker bin ich aktiv im Management desselben Instituts beschäftigt, in dem ich meine Lehranalyse absolviert habe und in dem ich als Lehrer und Supervisor auch heute noch tätig bin. Darüber hinaus berate ich andere Institute und psychoanalytische Organisationen. Die Psychoanalyse ist meine Welt. Es ist eine Welt, die zurzeit in Bedrängnis ist. Wir Analytiker sind nicht ausschließlich für diese Schwierigkeiten verantwortlich, aber ich glaube, wir sind auch nicht schuldlos.

Eine Zeit lang sah es so aus, als hätte die Psychoanalyse sich nach einem rasanten Boom einen festen Platz in der Berufswelt erobert. Sie genoss ein hohes Ansehen im öffentlichen Bewusstsein. Die Praxen waren voll, Analytiker schwärmten im ganzen Land und sogar in der Welt aus, neue Lehrinstitute wurden gegründet, professionelle Verbände wuchsen wie Pilze aus dem Boden. Unmengen von Fachzeitschriften erschienen und verbreiteten sich, und die Veröffentlichung von Fachliteratur bot den praktizierenden Analytikern ein sich stetig vermehrendes Wissen um die Theorie und Praxis ihrer Tätigkeit.

Einhergehend mit diesem erstaunlichen Erfolg bildeten sich jedoch zunehmend interne Konflikte und Meinungsverschiedenheiten heraus, die auf tiefgreifende Probleme hindeuteten und das Image der Psychoanalyse negativ beeinflussten. Die Geschichte der Psychoanalyse ist übersät mit Opfern und Sündenböcken, die aus der professionellen Gemeinschaft ausgestoßen, als Abtrünnige und Rebellen gebrandmarkt wurden, weil sie neue Theorien entwickelten. Darüber hinaus wurden die analytischen Institute und professionellen Organisationen immer wieder von destruktiven Spaltungen heimgesucht, die fast an Konfessionskriege erinnerten.

Darunter begann der Stellenwert der Psychoanalyse zu leiden. Plötzlich gerieten die Theorien von Freud unter Beschuss. Man warf ihm Irrtümer und falsche wissenschaftliche Ansprüche vor. Man beschuldigte ihn, die Tragweite von Kindheitstraumata vernachlässigt zu haben, Frauen gegenüber herablassend gewesen zu sein, seine Anhänger und Kollegen autoritär behandelt zu haben. Auch seine menschlichen Schwächen wurden ihm angelastet. Weil es die Analytiker während der Blütezeit der Psychoanalyse versäumten, die Effektivität ihrer Methode wissenschaftlich zu untermauern, konnten sie sich nur schlecht verteidigen, als ihnen kritische Stimmen entgegenschlugen. Aus diesem Grund wird die Psychoanalyse heute von der Öffentlichkeit skeptischer betrachtet und von der evidenzbasierten Medizin in Frage gestellt.

Die Macht des Unterbewussten, der Übertragung und der frühkindlichen Erfahrungen sind jedoch psychologische Wahrheiten. Sie dienen denen, die sie verstehen, als Wegweiser in der verwirrenden und komplexen Welt, in der wir uns heute befinden.

## Marsha Rosenberg, MD

Ich habe den Ruf, dass ich auch mit äußerst schwierigen Patienten klarkomme, welche von anderen Ärzten, die ihnen nicht mehr gewachsen sind, an mich überwiesen werden. Einige dieser Patienten sind sehr jähzornige Persönlichkeiten, die von der Gesellschaft weitestgehend ausgestoßen sind. So konsultierte mich zum Beispiel V., eine hochintelligente, jedoch äußerst streitsüchtige Frau, die mich in jeder Sitzung anschrie und sogar drohte, ihren Kaffee über meine Couch zu gießen. Als ich sie bat, ihre Stimme zu senken, brüllte sie: „Sie sind meine Psychiaterin. Sie sind dafür da, dass ich Sie anbrülle. Dafür bezahle ich Sie!" Sie schrie so laut, dass ich ihr irgendwann sagte: „Von Ihnen bekomme ich Kopfschmerzen. Ich kann weder klar denken, noch meinen Job machen. Wenn Sie weiter schreien wollen, müssen Sie rausgehen." Sie machte einfach weiter, also musste sie mein Büro verlassen.

Dies erwies sich als großer Wendepunkt in ihrer Therapie. Als V. zur nächsten Sitzung erschien, erklärte ich ihr ruhig, dass es mir unmöglich sei, so mit ihr zu arbeiten. Dabei blieb ich freundlich, ohne drohenden oder strafenden Unterton. Ich bot ihr an weiterzumachen, erklärte aber auch, dass ihr bisheriges Verhalten störend und unproduktiv sei. Ich gab ihr klar zu verstehen, dass ihre Einstellung ihr selbst schadete. Sie war sich dessen bereits bewusst, denn eines ihrer Probleme war der Mangel an Freunden und vertrauten Personen. V. fühlte sich ziemlich einsam.

Nach diesem Gespräch wurde V. ruhiger und versuchte mitzuarbeiten. Es gab nach wie vor größere Problemfelder, aber immerhin konnten wir uns nun unterhalten. Wir sprachen über die Realitäten ihres Lebens. Ihre Kindheit war schrecklich gewesen, geprägt von Missbrauch und einer äußerst problematischen Jugend. Ihre Eltern waren nicht imstande, ihr Grenzen zu setzen. In der Vergangenheit hatte sie oft übertrieben aggressiv reagiert, wenn sie ihren Willen nicht bekam, und dadurch ihre Familie und Freunde vor den Kopf gestoßen.

V. war nie bewusst gewesen, dass sie abschreckend auf Menschen wirkte – nur wenige hatten sie je zur Rede gestellt. Selbst ihre früheren Therapeuten hatten sich von V. einschüchtern lassen. Für sie war es sehr beruhigend, dass ich mich nicht abschrecken ließ.

## Ernesto Mujica, PHD

Mit drei Jahren lebte ich in Havanna, als die Kubanische Revolution stattfand. Damals spaltete sich die Gesellschaft in Befürworter und Gegner des neuen Regimes. Als ich älter wurde, musste ich genau unterscheiden, wo jeder Erwachsene familiär, gesellschaftlich und politisch stand. So wie ich mussten alle Kinder gut aufpassen, wer sich auf welcher Seite positionierte und wie man in dem Spannungsfeld zwischen den einzelnen Fraktionen manövrierte.

In den meisten Familien gab es Vertreter auf beiden Seiten, so dass es keine „einfachen" Lösungen gab. Im engen Freundeskreis entwickelten die Kinder non-verbale Handzeichen um die Zugehörigkeit der Erwachsenen – in der Regel Verwandte, Lehrer und Nachbarn – zu kommunizieren. Ich erinnere mich, wie wichtig es war, hinter die Fassade zu schauen und auf Augen und Mimik zu achten. Wir entschlüsselten die Bedeutung der Kleider, die sie trugen, ihr beiläufiges Benehmen und Bemerkungen. Alle Kinder waren in diesem Zustand der erhöhten Wachsamkeit; wir wurden dadurch Diagnostiker der besonderen Art. Wenn Erwachsene fragten: „Was möchtest du mal werden, wenn du groß bist?", gaben wir ohne zu zögern eine Antwort, die ihren Gesinnungen gerecht wurde und damit uns und unsere Familien schützte.

Diese frühen Erfahrungen helfen mir im Umgang mit Patienten, die ein Trauma erlitten haben. Wir wissen heute, dass Dissoziationen oft das Resultat schwerer Stresssituationen in der Kindheit sind, wie lebensbedrohliche Erfahrungen oder sexueller Missbrauch. Kinder können in solchen Situationen eine erlebte Erfahrung von sich abspalten, was ihnen das Gefühl erlaubt, der Gefahr entkommen zu sein. Auch wenn ein Kind einem furchtbaren Ereignis körperlich unmöglich entkommen kann, vermag die Dissoziation ihm etwas Linderung zu verschaffen, indem es sich emotional und psychisch distanzieren kann. Dieses Abspalten und Zerteilen der eigenen Erfahrungen kann mit der Illusion des Entkommens einhergehen: „Du magst Macht über meinen Körper haben, aber du hast keine Macht über mich." Aber auch das Gefühl, etwas von sich selbst aufgegeben und in einer bedrohlichen Lage zurückgelassen zu haben, kann die Folge sein.

Wenn ein traumatisiertes Kind zum Erwachsenen heranreift, kommt es vor, dass er oder sie sich selbst als zersplitterte Identität empfinden. Flashbacks können die Gegenwart überlagern und allgemeine Angstzustände sowie den Verlust von Realitäts- und Zeitgefühl auslösen. Er oder sie mögen unter dem quälenden Gefühl leiden, dass sie sich an Jahre ihrer Kindheit nicht erinnern können, eine Folge der ausgeblendeten traumatischen Erfahrungen. Patienten beginnen eine Therapie oft, um Dinge über sich selbst zu erfahren, die im Unterbewusstsein arbeiten, jedoch vom Bewusstsein nicht erfasst werden können. Indem ich meinen Patienten helfe, ein Gefühl der emotionalen Sicherheit in unserer Beziehung zu entwickeln, und gleichzeitig ihre Neugier und ihr reflektierendes Bewusstsein anrege, bauen wir nach und nach ihr Selbstverständnis und ihr Lebensgefühl in der Gegenwart neu auf. Die zwischenmenschliche Beziehung einer therapeutischen Bindung eröffnet den Wunden der Kindheit noch einmal die Möglichkeit, gefühlt und mit einem fürsorglichen Zuhörer geteilt zu werden, was wiederum zu einer besseren Selbstwahrnehmung, mehr Entschlusskraft und Hoffnung auf eine besser Zukunft führen kann.

## Dayna Kurtz, LCSW

Als ich erkannte, dass meine Schwangerschaft nicht mehr zu übersehen war, stand ich sofort vor mehreren Dilemmas. Als Erstes musste ich entscheiden, ob ich meinen Patienten davon erzähle und wenn ja, wann? Man sah es mir langsam an und für mich war mein Baby ohnehin schon mit im Raum anwesend. Meine Patienten nicht darüber zu informieren, schien mir, als würde ich verleugnen, was gerade geschah. Das erschien mir nicht richtig. Also beschloss ich, es ihnen zu erzählen, ungeachtet der Schweigepflicht, an die sich Therapeuten üblicherweise halten.

Nachdem ich sie informiert hatte, umfassten die Verhaltensweisen meiner Patienten alles – von ganz normalen Reaktionen über „Okay und jetzt wieder zu mir" bis hin zu größeren Desastern. Es gab unverhohlenen Zorn nach dem Motto „Ich bin wütend, weil du das getan hast und ich mache meinem Ärger Luft", aber auch indirekte Anzeichen von Missbilligung, zum Beispiel Terminabsagen. Einige Patienten brachen sogar ihre Behandlung ab.

Eine Schwangerschaft wirkt sich auf den Körper und die Emotionen aus. Sie ist allgegenwärtig und beeinflusst natürlich auch meine Arbeit. Ich fühle in meinem Beruf stärker mit. Wenn jemand betrübt ist, spüre ich die Trauer auf einer tieferen Ebene. Ich verteidige mich auch schneller und achte sehr auf mich und mein Kind. Meine Patienten behandle ich sensibler und mit mehr Geistesgegenwart als sonst.

Jetzt kurz vor Ende meiner Schwangerschaft weiß ich, dass es eine gewaltige Lernerfahrung war. Und auch wenn es mir Leid tut, dass ich mich während der Zeit meines Mutterschutzes nicht um meine Patienten kümmern kann, mache ich mir deshalb keine Vorwürfe. Ich habe ein Recht darauf, ein Kind zu bekommen. Sorgen bereitet mir, dass ich Patienten verlieren könnten – manche haben Probleme mit der Auszeit. Ich hoffe, ich liege falsch und sehe alle nach meiner Rückkehr wieder.

## Barbara Chasen, PHD

Die erste Patientin, die ich genau zwei Wochen nach dem tödlichen Unfall meines Sohnes empfing, war die 39-jährige verheiratete Mutter eines fünfjährigen Kindes, die seit zwei Jahren versuchte, noch einmal schwanger zu werden. Außer dass es einen Todesfall gegeben hatte, hatte sie keine Ahnung davon, was passiert war und fragte auch nicht danach. Stattdessen sprach sie darüber, wie verzweifelt sie sich dieses zweite Kind wünschte und berichtete über ihre Fruchtbarkeitsprobleme.

Trotz, oder eben aufgrund meines traumatischen Verlustes und meiner Sehnsucht nach einem weiteren Kind konnte ich ihren Wunsch nach einem zweiten Kind extrem nachempfinden. Ich war froh, dass sie nichts über Shauns Tod wusste, denn es hätte sie gewiss daran gehindert, um das, was für sie unerreichbar war, richtig trauern zu können. Sie erzählte, wie sehr es ihr geholfen hatte, als ein Freund ihr nahelegte: „Du hast ja zumindest ein Kind." Bei dieser Erkenntnis konnte ich ihr allerdings nicht helfen. Ich war erleichtert, dass es jemand anderes getan hatte, denn bei mir hätte es einen bitteren Beigeschmack gehabt. Ich befürchte, dass sie sich schämt, wenn sie herausfindet, dass ich meinen Sohn verloren habe. Das sollte sie nicht. Sie ist mir wichtig und ich spüre ihren Schmerz.

Im Gegensatz dazu fragte mich am gleichen Tag eine Langzeitpatientin, wer gestorben war. Sie hatte befürchtet, dass es mein Sohn sei und war am Boden zerstört, als ich das bestätigte. Sie weinte bitterlich um Shaun und um mich.

Ich empfand eine seltsame Art von Dankbarkeit für ihren Schmerz und für die Gewissheit, dass Shauns Tod sie derart berührt hatte. Sie ist 39, frisch geschieden und wünscht sich ebenfalls verzweifelt ein Kind. Sie musste mit der doppelten Belastung kämpfen, einen Mann zu finden und ein Kind zu bekommen. Diese Patientin hat ihr Ziel inzwischen erreicht. Sie hat sich vor Kurzem in einen Mann verliebt, zwar älter als sie und gehandicapt, aber willens und finanziell in der Lage, mit ihr ein gemeinsames Kind zu haben oder zu adoptieren. Ich bewundere die Heilungskraft der menschlichen Seele.[2]

# Lee D. Kassan, MA, LPsyA

Meine Patienten sind zumeist kreative Menschen – Schriftsteller, Musiker, Schauspieler, Leute, die am Broadway arbeiten. Bevor ich Analytiker wurde, war ich Musiker und Komponist, weshalb ich gerne mit Künstlern arbeite. Doch einige dieser Patienten können äußerst verschlossen sein. Sie sind sich ihrer Gefühle nicht bewusst und können ihre Probleme nicht richtig artikulieren. Eine meiner Spezialitäten ist es, sie mit Humor herauszulocken. Wenn ich sie zum Lachen bringen kann, bekommen sie mehr Abstand zu sich selbst

Wenn ein Patient versucht, sich an eine völlig absurde Situation anzupassen, erzähle ich besonders gern diesen Witz: „Kommt ein Mann zum Schneider, einem richtig miesen dazu. Aber der Mann weiß nicht, dass es ein so schlechter Schneider ist. Er probiert seinen Anzug an und sagt: ‚Der Ärmel ist viel zu lang!' Und der Schneider antwortet: ‚Kein Problem, zieh einfach deine Schulter hoch.' Sagt der Mann: ‚Aber die Hosen sind viel zu kurz!' Antwortet der Schneider: ‚Wenn du dich so bewegst, sehen sie prima aus!' Also verlässt der Mann den Laden und läuft genau so, wie es der Schneider gesagt hat. Kommen ihm zwei Männer entgegen. Sagt der eine zum anderen: ‚Guck dir den armen Typen an, er ist total verkrüppelt.' Sagt der andere: ‚Stimmt, aber sein Anzug ist wie maßgeschneidert'."

Dieser Witz funktioniert besonders gut bei Patienten, die eine Fassade aufgebaut haben und sich nicht damit auseinandersetzen, wer sie wirklich sind. Wie kann man als Künstler ein falsches Bild von sich aufrechterhalten, wenn man davon lebt, sein Innerstes zu offenbaren, sei es als Schauspieler, als Maler oder als Musiker?

Wenn Patienten die skurrilen Gegenstände in meinem Büro sehen, sagen sie manchmal: „Ich habe mir all die Cartoons angeschaut und frage mich, ob Sie ihren Job wirklich ernst nehmen?" Das tue ich, aber das heißt nicht, dass ich nicht auch lachen kann! Es ist ein Unterschied, ob man es ernst meint, was ich tue, oder sich für sakrosankt hält, was ich nicht tue. Wenn man überbordend ernst ist, schafft man eine künstliche Atmosphäre, in der keine Scherze erlaubt sind.

Schau dir Kinder an! Wenn sie spielen, tun sie das mit aller Ernsthaftigkeit, aber sie lachen auch dabei. Lachen ist eine großartige Therapie – es hilft einem dabei, die spielerischen Möglichkeiten in all unseren Lebenslagen zu erkennen – sei es als Künstler, als kreativer Mensch oder als soziales Wesen.

## Teruko S. Neuwalder, MD

Viele meiner Patienten sind asiatische Teenager der zweiten Generation, deren Eltern beide 12 bis 14 Stunden am Tag arbeiten. In der Regel werden sie von ihren Kinderärzten an mich überwiesen, nachdem diese konstatiert haben, dass ihnen körperlich nichts fehlt. Im Gegensatz zu anderen Bevölkerungsgruppen wollen diese Kinder nicht über ihre Ängste oder Depressionen sprechen – stattdessen drücken sie ihre psychischen Symptome somatisch aus, z. B. durch chronische Kopfschmerzen oder Magenbeschwerden, die allesamt stressbedingt sind. Ein Großteil ihrer Leiden entspringt ihrem absoluten Anspruch, immer zu den Besten zu gehören. Dieser Anspruch speist sich aus dem enormen Schuldbewusstsein den eigenen Eltern gegenüber, die sich für sie „aufgeopfert" haben.

Selbst wenn sie die höchsten akademischen Erfolge erzielen, haben diese jungen Menschen die Arbeitsmoral ihrer Familie verinnerlicht und werden von dem nagenden Gefühl geplagt, den Erwartungen anderer nicht zu entsprechen. Ein Patient erzählte mir neulich: „Ich gehe zu einer Ivy League School, aber mein Vater kommt nicht darüber hinweg, dass es nicht das MIT ist."

Wenn ich mit diesen Heranwachsenden eine Zeitlang gearbeitet habe, kann ich ihnen helfen, ihre Ansichten zu relativieren, so dass sich ein Wandel vollzieht. Ich werde zu einer liebevollen elterlichen Figur in ihrem Leben, welche ihre Schwächen akzeptieren kann. Einer meiner Patienten sagte mal: „Vielen Dank dafür, Dr. T., dass Sie mir geholfen haben, einen Essay zu schreiben, der gerade darin perfekt war, nicht perfekt zu sein.

| Bertram H. Rosen, MD

Ich betreibe meine Praxis seit fast fünfzig Jahren. Sie ist nicht nur mit Jahrzehnten an Akten, Rechnungen und Büchern gefüllt, sondern auch mit den Erinnerungen an meine Arbeit. Als ich 1964 anfing, ging gerade die Einberufungswelle für den Vietnamkrieg richtig los und ich musste Gutachten für Männer erstellen, die um Freistellung baten. Einige täuschten Geisteskrankheiten vor oder taten, als wären sie verrückt, um eingewiesen zu werden. Ein paar wenige waren tatsächlich depressiv, angstgesteuert oder suizidal. Es war eine heikle Position für einen jungen Psychiater wie mich.

Dann, vor Roe gegen Wade, begannen Hebammen in den frühen 1970er-Jahren mehr und mehr Frauen zu überweisen, die eine Abtreibung benötigten. All das geschah sehr diskret und nur wenige Krankenhäuser waren bereit, die Prozedur überhaupt durchzuführen. Eine Möglichkeit der legalen Abtreibung bestand darin, dass eine Frau als selbstmordgefährdet galt. Ich musste beurteilen, ob sie in echter Gefahr waren. War die Frau depressiv oder überfordert? Hatte sie die Absicht oder einen konkreten Plan, sich umzubringen? In welcher sozialen Lage befand sie sich? Was waren die Stressfaktoren in ihrem Leben?

Einige Frauen waren zutiefst verzweifelt. Wenn ich auch nur den leisesten Verdacht hatte, dass durch das Ablehnen einer Abtreibung ihr Leben in Gefahr war, vermerkte ich das deutlich in meinen Aufzeichnungen. Die Behörden entschieden nach der Prüfung meiner Unterlagen, ob sie eine Abtreibung bewilligten oder nicht.

## Richard Lacy, MD

Zu Beginn meiner Tätigkeit als Analytiker behandelte ich S., eine attraktive junge Frau, seit circa sechs Monaten, da bemerkte ich ein unangenehm heißes und kaltes Gefühl in meinen Armen. Die Symptome zeigten sich nur in der Gegenwart von S. – kein anderer Patient löste etwas Derartiges bei mir aus. Anfangs erschien es mir unerklärlich und ich konsultierte meinen eigenen Analytiker. Dieser vermutete, dass es sich um eine erotische Übertragungsreaktion handeln könnte. Rückblickend ist das recht offensichtlich, damals habe ich es jedoch geleugnet und mich dagegen verwehrt.

Auf Vorschlag meines Analytikers las ich noch einmal meine Aufzeichnungen zu ihrem Fall. Ich erkannte, dass meine körperlichen Symptome etwa zu der Zeit begonnen hatten, als S. erstmals ausführlich über ihr Sexleben mit ihrem Liebhaber gesprochen hatte. Ich sah auch, dass ich einige Facetten ihres Geliebten teilte, was die Frage aufwarf, inwieweit sie unbewusst *mich* meinte, wenn sie über ihn sprach.

Mein Analytiker half mir dabei, eine Verbindung zwischen S., meiner unliebsamen körperlichen Reaktion und meinen eigenen libidinösen Gelüsten herzustellen. Mithilfe freier Assoziation wurde mir klar, dass S. mich unbewusst an eine frühere Freundin erinnerte, auf die ich nach wie vor unterschwellige Wut verspürte. Ich erkannte, dass meine gegen S. gerichtete Aggression mir viel unangenehmer war als meine erotischen Impulse.

Während ihrer weiteren Behandlung trennte sich S. von ihrem Liebhaber. Im Nachhinein fragte sie sich, weshalb sie sich überhaupt mit einem Kerl eingelassen hatte, der ihr offensichtlich nicht guttat, und sie hielt sich für masochistisch, weil sie sich so schlecht von ihm hatte behandeln lassen. Ich half ihr zu verstehen, dass die Schwierigkeiten mit ihrem Ex und mit früheren Partnern wohl auf ihre Beziehung zu ihrem Vater zurückzuführen seien, der emotional unerreichbar gewesen war und sie verbal gedemütigt hatte. Als junges Mädchen war sie auf seine Liebe und Zuneigung angewiesen gewesen und sie hatte nie verwunden, dass er ihr das schuldig geblieben war.

Nachdem sie sich von ihrem Liebhaber getrennt hatte, wurde die Übertragung noch intensiver. Die gegensätzlichen Gefühle von Begehren und Aggression begannen sich in der analytischen Beziehung zu mir zu offenbaren. Sie warf mir vor, sie wäre mir egal und ich würde ihr nicht das geben, was sie wirklich brauchte. Sie sagte zwar nie ausdrücklich, dass sie Sex mit mir wollte, aber sie hatte erotische Träume und verlangte eine liebevollere und fürsorglichere Behandlung von mir.

Monatelang kam sie zu spät zu den Terminen, ein deutliches Zeichen für ihren Zwiespalt. Sie bezahlte nur unregelmäßig und drohte, die Behandlung bei mir ganz abzubrechen. Ich half ihr durch ihre Übertragung hindurch und unterstützte sie, ihre Reaktionen mit ihrer früheren Erfahrung des Verlassenwerdens und der Ungeliebtheit durch den Vater zu verbinden. Nach meiner Auslegung lehnte sie jetzt mich ab, genau wie ihr Vater sie abgelehnt hatte. Das war ein entscheidender Moment in ihrer Analyse.

## Kirkland C. Vaughans, PHD

In der Anfangszeit meiner Karriere teilte ich meine Praxis mit einer jungen weißen Therapeutin, die irgendwann anfing, die Räume mit Kitschbildern von Clowns und Blumen zu verzieren.

Als meine Patienten diese Kunstwerke zum ersten Mal sahen, verhielten sie sich bemüht neutral: „Oh, ich sehe, Sie haben Ihr Büro dekoriert." Woraufhin ich nachhaken konnte: „Ich habe den Eindruck, dass Sie nur ungern über die Bilder sprechen. Ihre Meinung dazu würde mich interessieren." Ich schob es nicht auf meine Kollegin, sondern mich interessierte vielmehr zu hören, wie es ihre Sicht von mir beeinflusste.

Zwei oder drei Patienten reagierten entsetzt und meinten: „Das ist offenbar der weiße Teil in Ihnen." Was wiederum zu einer Diskussion darüber führte, welche Aspekte meiner Persönlichkeit sie denn als weiß empfanden – und war es „gut weiß"? Konnten diese weißen Sichtweisen für sie von Vorteil sein? Das fand ich hochinteressant, denn ich hatte rein weiße Schulen besucht; tatsächlich hing der weiße Teil von mir bereits an den Wänden in Form von Diplomen, Zulassungen und Zertifikaten. Anstatt meine Patienten darüber aufzuklären, dass die Kunstwerke meiner Kollegin gehörten, nutzte ich es als gute Gelegenheit, mit ihnen ins Gespräch zu kommen.

Ich begann darüber nachzudenken, was die Ausstattung meines Arbeitszimmers meinen Patienten über mich vermittelte und musste feststellen, dass es letztlich falsch war, in einem Raum mit Kitschbildern zu praktizieren. Es konnte sogar sein, dass es meine besten therapeutischen Ansätze untergrub, mit Patienten authentische Gespräche zu führen. Aufgrund meiner afrozentrischen Perspektive gefällt mir afrikanische Kunst. Das ist Teil meines Wesens. Hängt ein weißer Therapeut afrikanische Kunst in seinem Büro auf, wird es einfach als guter Geschmack gewertet. Wenn ich mich als Afroamerikaner entscheide, afrikanische Kunst zu zeigen, wird es anders interpretiert – auf einer mehr persönlichen Ebene und als Teil meiner Identität, was auch stimmt.

Es ist gut möglich, dass ein neuer schwarzer Patient mein Arbeitszimmer sieht und denkt: „Ich muss hier raus. Dieser Mensch stellt seine schwarze Identität zur Schau. Ich möchte mich nicht mit dem schwarzen Teil meiner selbst auseinandersetzen. Da gehe ich lieber zu einem weißen Analytiker."

Auf eine gewisse Art erzwinge ich bei solchen Patienten eine Reaktion. Das eröffnet einen Dialog, in dem ich sagen kann: „Okay, mal sehen, was wir aus dieser Reaktion machen können." Und damit kann die therapeutische Arbeit erst richtig beginnen.

## Jacqueline Hott, PHD

Seit den 1960ern bin ich Sexualtherapeutin und doch überrascht mich meine Arbeit bis heute. Während die Probleme mit sexueller Intimität so alt wie die Menschheit selbst sind, musste ich mich im Laufe der letzten fünfzig Jahre mit immer neuen Themen und Trends auseinandersetzen, die es zu Beginn meiner Laufbahn nicht gegeben hatte. Insbesondere Cyber-Sex hat zu einer riesigen Anzahl an Komplikationen und Störungen geführt. Sollten Paare es sich gemeinsam ansehen? Ist es etwas, was sie in ihr Liebesspiel einbeziehen können? Ist es in irgendeiner Form lehrreich? Oder wirft es vielmehr unangenehme Fragen nach Sexualität und Identität auf?

Beispielsweise hat ein Patient, ein totaler Familienmensch, homosexuelle Pornoseiten entdeckt und langsam wird ihm bewusst, dass er schwul ist. Neulich erwischte ihn seine Ehefrau, als er sich auf einer solchen Seite anmeldete. Er könnte zu ihr sagen: „Das sind nur Fantasien. Ich werde das nie machen." Aber wie weit geht er in den Chatrooms oder auf Skype, wenn er sich selbst entblößt oder anderen dabei zuschaut? Hilft es ihm, weil es eben nicht der Ladenbesitzer von nebenan ist? Er muss sehr vorsichtig sein und den Computer sauber halten, damit seine Frau keine Anhaltspunkte entdeckt. Er träumt davon, eines Tages auf der Suche nach einer echten sexuellen Beziehung sein normales Leben hinter sich zu lassen. Aber wird er das jemals tun? Oder wird seine Frau je seine Fantasien akzeptieren? Kann ihre Beziehung jemals für einen der beiden erfüllend sein?

Eine andere neue Entwicklung in meinem Bereich ist das wachsende Verständnis für die Sexualität unter chronisch kranken Menschen. In einem Kurs, den ich zu diesem Thema gab, wurde ich von einer Teilnehmerin überrascht, einer schwer gezeichneten Frau mit einer deformierten Wirbelsäule. Sie hatte einen Sauerstofftank dabei und ich dachte: „Was sie wohl für ein Sexleben haben mag?" Sie stellte sich als eine der eifrigsten Teilnehmerinnen des Kurses heraus. Sie hatte einen liebenden Ehemann, mit dem sie sexuell sehr aktiv war. Sie beschrieb, wie sie sich mit ihrer Krankheit arrangiert hatten. Ich musste mir meine eigenen Vorurteile eingestehen. Ich hatte erwartet, dass sie aufgrund ihres Leidens und Aussehens sexuell stark beeinträchtigt war.

## Roy Kremberg, MD

Ich bin immer wieder beeindruckt, wie sich die Kraft des menschlichen Verstandes, die Persönlichkeitsentwicklung und die Macht der Kreativität gegenseitig beeinflussen. Wie kann es sein, dass ein Mensch die schlimmsten Dinge überstehen kann und besser mit dem Leben zurechtkommt als ein anderer, der ähnlich schlimme Dinge erlebt hat? Manche Menschen sind einfach zu verletzt und können die Traumata ihrer Vergangenheit nicht verwinden. Und doch sind mir auch Menschen begegnet, die Schreckliches durchleben mussten, die aber die erlittenen Entbehrungen in eine kreative Schaffenskraft umgesetzt hatten, von der sie ein Leben lang profitieren konnten.

Diese Patienten konnten ihre Leben neu ausrichten, indem sie ihr Leid als Teil ihrer kreativen Entwicklung betrachteten. So behandelte ich beispielsweise B., eine bekannte Modedesignerin, die aus einem strengen Elternhaus stammte, in dem sie gleichzeitig Missachtung erfuhr. Ihre Stiefmutter verhinderte, dass sie eigenen Interessen nachging, und gab ihr gleichzeitig unmissverständlich zu verstehen, dass Widerspruch nicht geduldet wurde. Sehr jung heiratete sie einen Mann, der ihr ihren frühen Erfolg missgönnte. Sie gründete mit ihm gemeinsam ein kommerzielles Unternehmen, welches sich als Desaster herausstellte. Wie das Unternehmen ging auch ihre Ehe den Bach runter. Dann, als alleinerziehende Karrierefrau, schaffte es B., sich als Kunstberaterin komplett neu zu erfinden und ein völlig neues Unternehmen zu gründen. Heute führt sie ein ausgeglichenes Leben. Sie ist ein Beispiel für einen kreativen Menschen, der die Widerstandskraft besitzt, den Widrigkeiten und Niederlagen in seinem Leben beherzt entgegenzutreten.

Im Zuge meiner eigenen Erfahrung als Maler lernte ich, dass jedermann ein kreatives Potential besitzt, und ich habe erkannt, was alles möglich ist, wenn man Konflikten mit Kreativität begegnet. Immer wenn ich ein neues Bild skizziere und arrangiere, suche ich mir einen Fokuspunkt, damit ich weiß, wohin ich mit dem Bild will. Dies ist auch mein Ansatz bei meinen Patienten. Ich versuche die Problemfelder zu identifizieren, die meinen Patienten am wichtigsten sind. Diese werden dann mein Fokuspunkt. So wie ein Kunstwerk das Ergebnis einer bestimmten künstlerischen Fragestellung ist, stellt mich ein Patient vor ein bestimmtes psychiatrisches Dilemma, und ich versuche den Patienten neu auszurichten, indem ich meine kreativen Verfahren als Therapeut anwende.

# Maria Bergmann, PhD

In meinem Beruf setze ich mich mit dem Thema Rollentausch bei Frauen auseinander. S., eine junge Patientin, erzählte zu Beginn ihrer Behandlung von ihrer infantilen, depressiven, egozentrischen und unausgeglichenen Mutter. Als kleines Mädchen hatte S. versucht, ihre primäre Bezugsperson zu „reparieren", sie zu beruhigen und aufzuheitern, um ihr näher sein zu können. Die Mutter reagierte daraufhin liebevoller und weniger depressiv. Das kleine Mädchen übernahm nach und nach die Mutterrolle und verhielt sich wie das Elternteil, das sie sich selbst gewünscht hatte. Dies ist ein typisches Beispiel für einen Rollentausch.

Im Laufe der folgenden Jahre gab es S. ein Gefühl der Sicherheit, gebraucht zu werden, jedoch forderte das einen hohen Preis. Um geliebt zu werden, ordnete sie ihre eigenen emotionalen Bedürfnisse denen der Mutter unter. Heute empfindet S. Schuldgefühle, weil sie ihre Mutter, die von ihrer emotionalen Fürsorge abhängig ist, zurücklassen muss. Dieser Konflikt widerspricht dem von ihr entwickelten Selbstbild. Mutter und Tochter haben sich nie ausreichend voneinander abgegrenzt und die Identitätsfindung von S. wurde gehemmt. Dieses Verhaltensmuster führt zur Krankheit der Psyche, denn die Tochter konnte nie ihre eigene Persönlichkeit entwickeln.

Bei der Behandlung von S. achte ich auf die Momente, in denen S. Aspekte ihres Verhältnisses zu ihrer Mutter auf mich überträgt. Als ich zum Beispiel einmal einen kleinen Kratzer hatte, war sie ernsthaft besorgt: „Herrje, was haben Sie denn gemacht?", als wäre es eine schwere Verletzung. Ich versicherte ihr: „Keine Sorge, das ist nichts." Dann hakte ich nach: „Was ging in Ihnen vor, als Sie sich eben solche Sorgen um mich gemacht haben?" Gemeinsam erkunden wir, welche unterdrückten Gefühle sie gegenüber ihrer Familie hegt und welche mir gelten.

In ihrem Verhältnis zu mir versucht S. die Mutter zu finden, die sie in der Kindheit nie hatte. Sie will mich als „ideale Mutterfigur" erleben und äußert sich abwertend, wenn ich ihre eigentlichen Bedürfnisse in der Übertragung nicht erfüllen kann. Wenn sie sich in unseren Sitzungen den schmerzhaften Wunden stellt, die ihr Jahre zuvor durch das Verhalten der Mutter zugefügt wurden, kann sie inzwischen ihrem Widerspruch, dem Ärger und der Wut Ausdruck verleihen. Als Therapeut ziehe ich mich nicht zurück oder gebe sie gar auf. Gemeinsam erkunden und entschlüsseln wir jedes Detail ihrer wiedererweckten Gefühle. Mit der Zeit lässt S.' Schmerz nach und die Behandlung unterstützt sie dabei, eine neue innere Lebenskraft aufzubauen.

## Arnold D. Richards, MD

Damals in den frühen 1960ern wurde ich als Bestandteil meiner Ausbildung fünf Jahre lang für vier bis fünf Tage pro Woche von einem emigrierten österreichisch-marxistischen Psychiater namens Henry Lowenfeld analysiert.

Lowenfeld hatte einem Kreis politisch gesinnter Analytiker angehört, die im Berlin der Weimarer Republik den Widerstand im Untergrund unterstützten. Zusammen mit all seinen Kollegen musste Dr. Lowenfeld vor den Nazis fliehen, da er jüdischer Abstammung und radikaler Gesinnung war. Während der Analyse brannte ich darauf, mehr von dieser Zeit in seinem Leben zu erfahren, doch als streng koscherer Analytiker (im Freudschen Sinne der Verschwiegenheit) ließ sich Lowenfeld auf kein Gespräch zu dem Thema ein, so sehr ich es auch versuchte.

Darüber hinaus verspürte ich den starken Wunsch, auch mehr über meinen Vater zu erfahren, dessen Leben wie das von Lowenfeld von revolutionären Idealen und fundamentalen politischen Umbrüchen geprägt war. In seiner alten Heimat Russland war er Bolschewik und Mitglied in Trotzkis Armee gewesen. Zum Zeitpunkt meiner Analyse wusste ich sehr wenig über die Vergangenheit meines Vaters. Einzelheiten würde ich erst von meinem Sohn erfahren, der ihn zu einem späteren Zeitpunkt interviewte.

Bei meiner Analyse stand nie die Tatsache im Mittelpunkt, dass die Geschichte meines Vaters und die von Lowenfeld einander sehr ähnlich waren. Ich stand Lowenfeld ambivalent gegenüber und war nicht sicher, ob er der richtige Analytiker für mich war. Erst nachdem meine Analyse beendet war, wurde mir klar, dass Lowenfeld die hier stattgefundene Übertragungsreaktion nicht richtig erkannt hatte. Mein Wunsch, mehr über ihn zu erfahren, war in Wahrheit vielmehr der Wunsch, mehr über meinen Vater zu wissen. Als ich diese Übertragung zwischen zwei Schlüsselfiguren in meinem Leben erkannte und verstand, war das ein entscheidender Schritt für mich.

## Abby Stein, PHD

Der Täter war ein Teenager, der eine 71-jährige Frau verfolgt, vergewaltigt und mit einem Hammer erschlagen hatte. Danach ging er in ihr Wohnzimmer, aß eine Kleinigkeit und sah fern. Irgendwann versuchte er das Opfer wiederzubeleben und wählte sogar den Notruf, legte jedoch auf, bevor sich die Notrufzentrale meldete. Der Täter wurde gefasst, weil er die Visitenkarte seines Arztes hatte liegen lassen, als diese ihm bei der Tat aus der Tasche rutschte, und das, obwohl – wie er später der Polizei gegenüber bestätigte - er das Herausfallen durchaus bemerkt hatte. Auf der Karte stand neben dem Namen und der Adresse des Arztes auch, wann er zu seinem nächsten Termin erscheinen würde, was eine großangelegte Spurensuche zu seiner Ergreifung hinfällig machte.

Als Kind war der Täter von seiner Mutter, seiner Schwester und einer Tante körperlich misshandelt worden. Solche Kinder lernen schnell die Kunst des unauffälligen Daseins. Unsichtbarkeit ist Segen und Fluch zugleich für das misshandelte Kind: Die gegensätzlichen Wünsche, gesehen und doch nicht gesehen zu werden, werden zu Eckpfeilern in der missbräuchlichen Beziehung. Mit seiner Vergangenheit war es dieser jugendliche Straftäter wahrscheinlich gewohnt, in der Öffentlichkeit unsichtbar zu sein. Hinterlässt man seine Visitenkarte am Ort seines eben verübten Verbrechens, fordert man die Polizei geradezu heraus, die eigene Sichtbarkeit wiederherzustellen.[3]

Ich glaube nicht, dass sein Fall etwas mit „Pech" zu tun hatte. Nach meiner Erfahrung kommt es darauf an, auf welcher Ebene des Bewusstseins ein Gewaltverbrechen wahrgenommen wird. Während der Ausbildung hörte ich jede Menge Kriminalitätstheorien, die komplexe Verhaltensmuster auf ein einfaches Bild des Menschen reduzierten: „Das sind alles Psychopathen ohne Gewissen." Ein solches Label schloss nach meinem Gefühl von vornherein die Möglichkeit aus, dass man in einer früheren Phase hätte eingreifen können. Denn wenn man davon ausgeht, dass einige Menschen einfach böse sind, kann man sie gleich abschreiben. Es gibt nichts, was man noch für Sie tun kann.

Zu Beginn meiner Laufbahn habe ich oft Untersuchungen zu Missbrauch und Vernachlässigung bei Kindern aus äußerst traumatischen Verhältnissen durchgeführt. Gleichzeitig recherchierte ich in Gefängnissen und sprach dort mit Serienmördern. Mir fielen die Parallelen auf zwischen dem, was ich auf den Stationen der Kinderpsychiatrie hörte und dem, was mir im Gefängnis von Menschen, die furchtbare Dinge getan hatten, erzählt wurde. Es gab eindeutig eine Verbindung.

Nicht jeder, der in seiner Kindheit Missbrauch erlebt hat, wächst zu einem Kriminellen heran. Ein Trauma kann sich auf vielfältige Art zeigen. Doch selbst wenn man am Ende nicht anderen, sondern sich selbst Leid zufügt, offenbart das die verheerenden Spuren, die derartige Kindheitserfahrungen hinterlassen. Ein Kind, welches Schreckliches durchlebt hat, sehnt sich danach, davon zu erzählen. Manchmal lässt sich das dissoziative Trauma nicht in Worte fassen. Um gesehen und gehört zu werden, erzählt ein Straftäter dann seine Geschichte, indem er sie mit jemand anderem in der Opferrolle neu inszeniert.

## Otto F. Kernberg, MD

Ich behandele vorwiegend Patienten mit schweren Persönlichkeitsstörungen, deren Anpassungsfähigkeit und soziale Interaktionen zutiefst gestört sind. Das hier vorliegende Grundsymptom nennt sich „Identitätsdiffusion". Es beschreibt die Unfähigkeit eines Menschen, das eigene Selbstbild in Beziehung zu anderen zu setzen.

Solche Patienten erleben sich selbst als extrem gefühls- und stimmungsabhängig, und mit jedem Stimmungswechsel wechselt auch ihr Selbstbild. Sie können nicht beschreiben, was genau sie ausmacht, denn sie schwanken zwischen widersprüchlichen Befindlichkeiten, die für sie unvereinbar sind. Sie können sich selbst nicht einschätzen oder ihr Verhalten angemessen beurteilen.

Mit anderen Menschen haben solche Personen das gleiche Problem. Es fällt ihnen sehr schwer, ihre stimmungsbedingt ständig wechselnden Beurteilungen anderer miteinander zu vereinbaren. Sie können nur schwer erfassen, was das Gegenüber ausmacht.

Jemand mit einer Borderline-Persönlichkeitsstörung erlebt beispielsweise Empfindungen wie Liebe, Hass, Angst, Wut, Zorn, Neid oder Traurigkeit sehr intensiv. In einem solchen Gemütszustand verliert er die Fähigkeit, seine Lage, seine Gefühle und sein Handeln richtig zu beurteilen – ebenso wenig wie das, was andere Menschen fühlen, denken oder tun. Aus diesem Grund beurteilt er Situationen unnachgiebig streng und verhält sich dementsprechend anderen gegenüber. Er kann die eigenen Gefühle nicht verstehen und weiß nicht, wie er sie kontrollieren und mit ihnen umgehen soll.

Das führt zu Fehlern bei der Auswahl der Lebenspartner. Es löst Unsicherheiten aus, geringes Selbstwertgefühl, Angstzustände, sexuelle Schwierigkeiten, Hemmungen in der Liebe und im Beruf und all die anderen Symptome einer Persönlichkeitsstörung.

Seit über dreißig Jahren erforsche ich schwere Persönlichkeitsstörungen und habe schließlich eine spezielle Behandlungsmethode entwickelt, die ich Übertragungsfokussierte Psychotherapie genannt habe. Ziel dieser Behandlung ist es, durch konsequente Auslegungen innerhalb der therapeutischen Beziehung die abgespaltenen Teile des eigenen Ichs und Objektbeziehungen zu verknüpfen.

## Samera Nasereddin, MSSC, FIPA

Mein Behandlungszimmer ist klein, gemütlich und hell. Trotz seiner winzigen Größe wollte ich eine offene und weitläufige Atmosphäre schaffen, die den Patienten den Freiraum bietet, eine grenzenlose Bandbreite an Gefühlen zu erleben und in Worte zu fassen.

Jeder Gegenstand und jedes Möbelstück ist aus einem bestimmten Grund hier. Die quadratische Fliese unterhalb des Fensterbrettes stammt aus Hebron und ist ein Geschenk meines palästinensischen Onkels väterlicherseits. Die Stoffblumen in der Vase sind ein Geschenk meiner kubanischen Großmutter mütterlicherseits. Zusammen mit anderen Dingen erfüllen diese Familienandenken den Raum mit vielfältigen Assoziationen und verschiedensten Bedeutungsebenen, manche sichtbar, manche versteckt. Was auch immer der Tag bringen mag, hier bin ich umgeben von sehr persönlichen Gegenständen und fühle mich durch Freunde und Familie gestützt, während ich versuche, meiner Arbeit mit fortwährend echtem Interesse, Offenheit und Flexibilität nachzugehen.

Besonders schätze ich mein Mobile, welches Bewegung, Luft und Licht in den Raum bringt. Es ist verspielt und aktiv, ohne überladen zu wirken – es ist irgendwie ruhig, wie seichte Wellen oder dahinziehende Wolken. Selbst der Hauch einer Bewegung ist wichtig, denn er symbolisiert, wie sich Dinge im Laufe der Behandlung verändern können. Mit dem Mobile im Raum ist der Wandel allgegenwärtig, stetig wachsend, wenn auch vielleicht nicht immer wahrnehmbar.

Das Mobile ist gleichzeitig ein gutes Beispiel dafür, wie freie Assoziation funktioniert. Die Therapie ist strukturiert und gleichzeitig abwechslungsreich: Zwei (oder mehr) Menschen betreten zu einer vorgegebenen Zeit mit einem gemeinsamen Ziel einen Raum, doch keiner der beiden weiß, wie sich die Sitzung entwickeln wird. Sogar wenn ein Patient eine Liste an bestimmten Themen, die er besprechen möchte, mitbringt, entwickelt sich die Sitzung dynamisch, abhängig von den Dingen, die er oder sie tatsächlich ansprechen möchte, von dem Zusammenspiel zwischen Patient und Therapeut und von den Verknüpfungen, die daraus spontan entstehen.

## Allen Fay, MD

Als junger Mann hatte ich ein massives Problem mit sozialen Ängsten. Ich war viel zu schüchtern, um eine Frau zu einer Verabredung einzuladen. Ich bildete mir ein, sie könnte antworten: „Denkst du etwa, ich würde mit einem widerlichen Typen wie dir ausgehen?" Ich unterzog mich zweimal einer Psychoanalyse und verbrachte Jahre auf der Couch, ohne dass es zu der geringsten Verbesserung führte.

Erst in der Kognitiven Verhaltenstherapie begann ich an meinen Hemmungen zu arbeiten. Mein Therapeut wandte eine Behandlungsmethode namens Graded Exposure an. Er bat mich, ein Notizbuch zu führen. Jedes Mal, wenn ich eine Frau traf, die mir gefiel, bewertete ich mein Verhalten. Sagte ich nichts, trug ich eine 0 ein. Sagte ich „Hi", vermerkte ich eine 1. Fand in irgendeiner Art ein Gespräch statt, gab ich mir eine 2. Bat ich die Frau um ein Wiedersehen, war das eine 3. Anfangs standen im Notizbuch fast ausschließlich Nullen. Dann wagte ich etwas mehr und es kamen eine Menge Einsen dazu. Nachdem ich mich etwas sicherer fühlte, gab es auch Zweien und hin und wieder eine Drei. Während dieser Form der Behandlung stellte ich mich mehr und mehr meinen Hemmungen. Letztlich überwandte ich meine irrationale Angst und begann mich zu verabreden.

Obwohl ich in der Freudschen Analysetechnik ausgebildet wurde, schien sie mir konzeptionell verfehlt und wirkungslos – zumindest für mich selbst. Stattdessen studierte ich Kognitive Verhaltenstherapie, welche mir völlig andere Möglichkeiten zur Behandlung meiner Patienten bot. Immer wenn Männer oder Frauen mit sozialen Phobien zu mir kommen, wende ich die gleichen Behandlungsmethoden an, die auch mir geholfen haben. Ich bitte sie, ihre negativen unterschwelligen Gedanken und Irrglauben zu identifizieren. Oft geht es dabei um Ablehnung. Sie befürchten, sich lächerlich zu machen und zu versagen. Ich frage sie: „Definieren Sie, was Sie mit Versagen meinen. Wie wahrscheinlich ist es, dass das geschieht? Was könnte schlimmstenfalls passieren?"

Ich helfe meinen Patienten, ihr irrationales Denken zu verändern und ihre Vermeidungstaktiken zu überwinden. Mit Patienten, die Angst vor Fahrstühlen hatten, bin ich den Fahrstuhl in meinem Bürogebäude gefahren. Mit sozial gehemmten Menschen habe ich geübt, mit unbekannten Personen zu sprechen. Manche Patienten, die Klavier spielen konnten, habe ich sogar mit in meine Wohnung genommen. Sie waren so depressiv, dass sie vollständig das Interesse an ihren Passionen verloren hatten. Ich habe sie ermutigt: „Zeigen Sie mir, was Ihnen im Normalfall Spaß machen würde." Wenn sie dann auf meinem Klavier zu spielen begannen, konnte man sehen, wie sie zum Leben erwachten.

# Naomi J. Davidson, LCSW

Manche Menschen finden mein Behandlungszimmer zu extravagant. Sie befürchten, dass ihre Gedanken und Gefühle daran gemessen zu chaotisch sind. Fühlt sich ein Patient gehemmt und sagt: „Ich weiß nicht, worüber ich sprechen soll", antworte ich: „Warum schauen wir nicht einfach, wohin Ihre Gedanken und Erinnerungen führen?" Andere Patienten necken mich mit der Feststellung, dass ich anscheinend in der gleichen Epoche lebe wie meine Möbel oder dass ich bestimmte Medien- oder Rock-Stars nicht kenne.

Meine Zimmereinrichtung spiegelt meinen bewussten Wunsch wider, meinen Patienten ein Gefühl der Sicherheit zu geben. Ich habe versucht, einen sehr geschützten, intimen Raum für die Therapie zu schaffen. Ich sage das nicht meinen Patienten, aber wenn ich keine Therapeutin geworden wäre, hätte ich wahrscheinlich Innenarchitektur studiert.

Als mir klar wurde, was für ein mächtiges Instrument die Psychoanalyse sein kann, kam ein Gefühl der Demut über mich. Das ist vielleicht auch der Grund, weshalb ich bei meinen Patienten den Eindruck vermeide, eine allwissende Expertin zu sein, die alle Antworten kennt. Oder dass ich eine Hexe bin, die sie vollständig durchschaut. Es hilft auch, dass ein Teil meiner jüdischen Mutter in mir Wert darauf legt, immer eine Tasse Tee oder ein Wasser anzubieten.

Ich hatte das Privileg, einige Analysen durchzuführen, die das Leben meiner Patienten grundlegend verändert haben. Zweifellos widmen wir Therapeuten einen großen Teil unseres Lebens unseren Patienten, und wenn sie uns verlassen, kommt es auch schon mal vor, dass wir sie vermissen.

## Albert Ellis, PHD

Viele Jahre lang habe ich in meinem Institut jeden Freitagabend die Rational-Emotive Verhaltenstherapie vorgestellt, indem ich diese Art der Behandlung live mit Freiwilligen aus dem Publikum vorführte.

Einmal erzählte mir ein Freiwilliger, dass seine 79-jährige Mutter, die an Alzheimer und unter ständigen Schmerzen litt, ihm Sorgen bereite und deprimiere. Er klagte, dass er es nicht ertrug, sie in diesem Zustand zu sehen.

„Sie befinden sich in einer traurigen und schwierigen Situation", sagte ich zu ihm. „Es ist aber nicht die Situation selbst, die Sie besorgt und deprimiert – Sie sind besorgt und deprimiert, weil Sie darüber auf ungesunde und irrationale Weise nachdenken."

Ich legte ihm nahe: „Das Problem ist die Vorstellung, alles unter Kontrolle haben zu müssen. Nach Ihren Worten ist das, was geschieht, furchtbar und grausam – so sollte es nicht sein. Doch Tatsache ist, dass es Dinge im Leben gibt, die wir nicht kontrollieren können. Zum Leben gehören auch Leid und Probleme. Es bringt nichts, sich darüber auszulassen, dass die Realität nicht so sein sollte, wie sie ist – denn sie IST so, wie sie ist! Bringen Sie sich dazu, zu akzeptieren, was Ihnen nicht gefällt. Sagen Sie sich selbst zum Beispiel: „Schade, dass es so ist, wie es ist. Das ist sehr bedauerlich, aber ich HALTE DAS AUS und ich schaffe das auch weiterhin unbeirrt und mit Würde. Manches Leid gehört zum Leben dazu."

Ich fuhr fort: „Sie meinen, Ihre Mutter hätte Alzheimer nicht verdient? Realistisch betrachtet erhalten wir im Leben nicht immer das, was wir verdienen. Sagen Sie sich selbst: „Ich wünschte, meine Mutter hätte die Alzheimer-Krankheit nicht, aber sie hat sie nun mal. Das ist sehr traurig, aber ich KANN das aushalten." Rufen Sie sich diese gesunden und realistischen Gedanken jeden Tag ins Bewusstsein. Das nimmt nur ein paar Minuten in Anspruch. Überzeugen Sie sich selbst."

Ich forderte den Freiwilligen zu einer Übung auf, in der er sich seinen ungesunden Emotionen stellen und sie dann ändern konnte: „Schließen Sie Ihre Augen und denken Sie intensiv an Ihre Mutter, wie sie Schmerzen leidet. Dann machen Sie sich Ihrer Gefühle dabei bewusst: Sie sagen, Sie sind überfordert und wütend – fühlen Sie das jetzt bewusst, unterdrücken Sie es nicht! Und nun, mit dem gleichen Bild Ihrer Mutter vor Augen, seien Sie bewusst traurig und voller Mitleid – aber da Sie die Situation jetzt realistisch und rational bewerten, nun NICHT entsetzt oder niedergeschlagen. Es ist wichtig, dass Sie diese Übung jeden Tag wiederholen; es dauert nur ein paar Minuten. Machen Sie das, bis die gesunden Emotionen überwiegen." Bald darauf schaffte es der Freiwillige, seine Einstellung zu ändern.

Ich will damit sagen, dass wir unsere Depressionen und unseren Ärger selbst herbeiführen, indem wir vom Universum verlangen, dass es nicht so lausig sein soll, wie es ist. Aber das ganze Universum ist gar nicht lausig, ebenso wenig wie das ganze Leben. Nur manche Teile davon. Akzeptiere, dass es neben den vielen guten Dingen auch schlechte gibt. Ändere das, was du kannst und akzeptiere das, was du nicht ändern kannst.

Man darf nicht vergessen, dass es die eigenen Gedanken sind, die bestimmen, wie man sich fühlt. Es ist nie ganz hoffnungslos. Das zu akzeptieren ist das Entscheidende.[4]

## Steven J. Lee, MD

Ich musste mich erst an die Arbeit mit Suchterkrankungen gewöhnen. Die Behandlung von Abhängigen erfordert eine starke Grundhaltung und klare Richtlinien. Behutsame Interpretationsversuche, vermittelt durch ein sanftes Anfragen, „Könnte es vielleicht sein, dass Sie eventuell…?", musste ich mir abgewöhnen.

Stattdessen musste ich lernen, wie man Patienten entschieden konfrontiert, um hinter die Wand aus Verleugnung und Verharmlosung zu dringen. Anfangs mochte ich diese neue Form der Gesprächsführung überhaupt nicht. Erst dachte ich, mein Problem damit sei philosophischer Natur: Wie konnte ich nur das heilige Gesetz der therapeutischen Neutralität missachten? Doch dann wurde mir bewusst, dass es viel persönlicher war: Mir war die Konfrontation unangenehm, denn ich hatte mich daran gewöhnt, mich bequem und sicher hinter dem Schutzwall der Neutralität zu verstecken. Eine der hilfreichsten Einschätzungen, die ich meinen Patienten je gab, war: „Ich habe den Eindruck, Sie wollen mich gerade verscheißern!" Ich sage das mit allem Respekt, aber dennoch fest überzeugt. Und oft geben die Patienten dann zu, dass sie mich tatsächlich verscheißern. Und dann erkunden wir gemeinsam, wie sie sich selbst belügen.

Mit der Sucht verhält es sich wie mit anderen chronischen Krankheiten. Man muss mit Rückfällen rechnen. Eine schnelle und vollständige Genesung ist die seltene Ausnahme. Wenn jemand mit hohem Blutdruck aufhört, seine Medikamente zu nehmen oder wenn er an Thanksgiving zu viel Salziges isst, steigt sein Blutdruck. Als Ärzte haben wir Verständnis und unterstützen ihn dabei, seine Medikamente zu nehmen und mehr auf seine Essgewohnheiten zu achten. Doch wenn ein Suchtkranker rückfällig wird, reagieren die meisten Ärzte ungehalten und geben dem Patienten die Schuld.

Während meines Studiums hatte ich einen depressiven Patienten, der immer wieder zurück in die Kokainsucht gefallen war. Einer meiner Vorgesetzten erklärte mir, dass ich nichts ausrichten könnte, solange der Patient nicht ernsthaft clean werden wollte. Er verstand nicht, dass es diesem Patienten mit dem Entzug bereits ernst war. Denn genau deshalb war er zu mir gekommen und hatte von seinem erneuten Konsum erzählt. Er benötigte nicht die Entlassung, sondern mehr Behandlung. Wenn ich eine Suchterkrankung wie einen Bluthochdruck betrachte, hilft mir das, meine Frustration mit Geduld zu ersetzen. Und ich weiß inzwischen, dass bei Suchtpatienten genau wie bei Menschen mit Bluthochdruck eine Besserung möglich ist.

Viele meiner Patienten sind überrascht, wenn ich sie frage: „Was ist Ihre Lieblingsdroge? Was daran fühlt sich für Sie so gut an?" Wir besprechen dann all die Situationen, in denen Drogen ihnen geholfen haben. Wir erörtern gemeinsam, dass ein Leben ohne Drogen viel schwieriger erscheinen mag, zumindest am Anfang. Patienten gehen davon aus, dass Ärzte ihnen versichern, Drogen wären durchweg schlecht. Ich habe gelernt, ohne Vorbehalte über die guten Seiten des Drogenkonsums zu sprechen. Denn ohne Zweifel geben die Drogen meinen Patienten ein starkes positives Gefühl. Würde ich das nicht anerkennen, könnte ich ihre Erfahrungen nicht ansatzweise nachvollziehen. Ich muss verstehen können, warum sie Drogen nehmen und warum es für sie so schwer ist, sie aufzugeben. Meine Patienten sind klug und wissen, dass ohne Verständnis für ihre Situation jegliche Beratung meinerseits unvollständig wäre. Ich wäre unglaubwürdig. Dann wäre ich es, der sie verscheißert.

## Albert J. Sbordone, MSW, PhD

Eine alte analytische Theorie besagt, dass die Kombination einer überfürsorglichen Mutter und eines gefühlskalten, distanzierten Vaters einen schwulen Sohn ergibt. Inzwischen wissen wir, dass Homosexualität weder auf die Dynamik zwischen Mutter und Sohn noch auf die zwischen Vater und Sohn zurückzuführen ist. Vielmehr sind diese Beziehungen ein Resultat der Homosexualität.

Ist ein Junge schwul, spürt sein Vater, dass sich sein Sohn von den anderen Jungs unterscheidet. Nichtsdestotrotz wird der Vater wahrscheinlich versuchen, seinen Sohn für typische Jungssachen zu begeistern, die er selbst noch aus seiner Kindheit kennt. Oft ist es nicht das, was der schwule Junge gern machen würde. Jungs wie er spielen nun mal für gewöhnlich kein American Football. Dadurch fühlt sich der Vater vielleicht abgelehnt, er kann unter anderem verunsichert oder irritiert reagieren und distanziert sich dadurch vom Sohn. Dieser wiederum stellt fest, dass der Vater mit den Brüdern oder mit anderen Jungs, die mehr wie der Vater sind, besser klarkommt. Das erweckt bei dem Jungen den Eindruck, dass etwas mit ihm nicht stimmt. Es kommt zu einem Bruch zwischen Vater und Sohn.

Damit entsteht für den schwulen Jungen ein Dilemma: während der ödipalen Phase ist für ihn der Vater das erste Objekt sexuellen Begehrens. Darin unterscheidet er sich von einem heterosexuellen Jungen. Viele berichten später über ihre frühen erotischen Fantasien vom Vater oder einer Vaterfigur. Doch der Vater – die erste Liebe – hält den Sohn für unzulänglich. Das verletzt den Jungen. Er sucht Halt bei seiner Mutter.

Die Mutter sieht, dass dem Jungen der Vater fehlt und tröstet ihn. Oft entwickelt sich eine symbiotische Beziehung. Es ist ungeschriebenes Gesetz, dass der Junge für das gute Verhältnis zur Mutter verantwortlich ist; andernfalls hätte er zu keinem Elternteil eine Verbindung, denn den Vater hat er aus seiner Sicht bereits verloren.

Und so kommt der schwule Junge letztlich zu einer überfürsorglichen Mutter und einem distanzierten Vater. Dies ist jedoch eine Folge des Schwulseins, nicht der Grund dafür.

Es ist wichtig, die Symbiose mit der Mutter zu durchbrechen, da die enge Beziehung zwischen Mutter und Sohn den Vater auf Abstand hält. Oft wird der Vater als negative Figur gesehen – nicht ständig, aber fast immer.

Ziel der Therapie ist die Herbeiführung der Trennung und Entwicklung einer Selbstbestimmung. Ist dies erreicht, kann der schwule Mann besser mit seinen Emotionen umgehen und hört auf, sich so verantwortlich für seine Mutter zu fühlen. Zur Entwicklung der Selbstbestimmung gehört oft auch das Problem des „Coming Out". Immer wieder höre ich: „Das bringt meine Mutter um!" Hier zeigt sich das komplizierte Geflecht dieser Beziehung. Der Rest läuft dann immer gleich ab, erstaunt mich jedoch jedes Mal aufs Neue: Sobald der schwule Mann etwas Eigenständigkeit gefunden hat, führt ihn sein Weg zurück zum Vater.

## William L. Salton, PhD

Einmal behandelte ich einen Jungen, dessen Augen aufleuchteten, als er meine Ritterburg sah. Er liebte Ritter über alles und wusste, dass es in jeder Burg einen großen Saal gibt, in dem man zusammensitzt und trinkt. Also entwickelte er eine ganze Geschichte dazu, was in dem großen Saal geschah und was hoch oben in den Türmen vor sich ging. Jede der Figuren in der Burg, Kinder eingeschlossen, hatte eine Persönlichkeit, die sie im großen Saal für die Außenwelt zur Schau stellten. Während er mit den Rittern und dem König spielte, erzählte mir der Junge, was diese heimlich in all den Türmen machten.

Einer der Ritter hatte ein Alkoholproblem. Im großen Saal war dieser Ritter äußerst bedacht darauf, nur einen Kelch Wein zu trinken. Doch in seinem Turm hatte er heimlich mehr Kelche versteckt, genau dort, wo er auch die besten Weine für sich selbst aufbewahrte. Nun, ganz so transparent, wie das alles klingt, ist es bei Weitem nicht. Denn was in den Türmen geschieht, ist nicht mit wirklichen Personen aus dem Leben des Jungen gleichzusetzen. Es ist nicht real. Wie die Figuren agieren, ist einzig und allein ein Produkt seiner Fantasie.

Kinder, die ein schweres Trauma erlebt haben, verarbeiten es in ihrem Spiel. Ist zum Beispiel ein Familienmitglied durch einen Unfall gestorben, wird man wahrscheinlich nicht sehen, dass eine Figur vom Turm fällt und stirbt. Das ist zu konkret. Traumatisierte Kinder spielen Erlebtes nicht Wort für Wort und Bild für Bild nach. Sie stellen die Auswirkungen nach. Mag sein, dass über der Burg eine riesige Trauerwolke schwebt. Mag sein, dass es dort ein kleines Mädchen gibt, das sehr einsam ist. Sie kann niemandem ihre neuen Kleider zeigen, weil sie keine Mutter hat. Alles wird verschleiert dargestellt und genau dort setzt der Therapeut an.

Ich stelle Fragen wie: „Wer lebt in der Burg? Was ist das für eine Familie? Wie geht es der Mama? Wie geht es dem Papa?" Ich biete an: „Ich kann spielen, wen immer du möchtest. Was soll ich jetzt machen?" Wenn sie sagen, dass ich der kleine Bruder bin, und wollen, dass ich die Treppe runterfalle, rufe ich: „Oh nein, ich bin gerade die Treppe runtergefallen! Das tut weh! Und was macht der kleine Bruder jetzt?" Das Kind ist der Regisseur und ich der Produzent. Alles an der Burg ist Projektionsfläche. Sie ist das Fenster in die Seele des Kindes.

## Allan N. Schwartz, PHD

Manchmal äußern sich emotionale Probleme rein körperlich. Mir ist ein Fall besonders in Erinnerung geblieben: Ein Mann mittleren Alters wurde von seinem Hausarzt an mich überwiesen, weil er unter starken Nacken- und Rückenschmerzen litt. Eine Ursache war nicht feststellbar, zumal er offenbar in guter körperlicher Verfassung war. Deshalb riet ihm sein Hausarzt letztlich, einen Therapeuten aufzusuchen.

Während unseres ersten Treffens erzählte mir dieser Mann, dass er am 11. September 2001 im Word Trade Center gearbeitet hatte. Er war Techniker und hatte früh am Morgen den Auftrag erhalten, einen Kopierer im 101. Stock zu reparieren. Als ihm auffiel, dass er ein wichtiges Werkzeug vergessen hatte, ging er es holen. Es war unfassbar: Genau das rettete ihm das Leben, denn auf seinem Weg nach unten schlug das erste Flugzeug ein. Als er von mehreren Feuerwehrleuten aus dem Fahrstuhl gerettet wurde, hatte er einen schweren Schock. Sie hatten Mühe, ihn überhaupt herauszubekommen. Und dann wurde er Zeuge dessen, was draußen geschah. Er musste furchtbare Dinge mit ansehen – Körper, die fielen.

Ich traf ihn mehrere Monate später, nachdem er wieder begonnen hatte zu arbeiten. Ich erkannte sofort, dass mir ein Mann mit einer posttraumatischen Belastungsstörung gegenüberstand. Er zeigte die klassischen Symptome: Albträume, Schlaflosigkeit, Konzentrationsschwäche und er war jähzornig. Er beschrieb, dass ihn die leisesten Geräusche erschreckten und er unter Flashbacks litt. Hörte er ein Brummen oder irgendeine Art von Poltern, fühlte er sich gedanklich direkt zurück an diesen Tag versetzt. Er reagierte, indem er sich unter seinem Schreibtisch versteckte. Seine Kollegen hielten ihn für verrückt oder dachten, er würde übertreiben. Er kam nicht mal im Ansatz auf die Idee, dass seine Nacken- und Rückenschmerzen von seinem massiven Trauma herrühren könnten. Das hatte er völlig verdrängt.

Ich erklärte ihm, dass sein Hausarzt keine physischen Ursachen finden konnte, weil er das traumatische Erlebnis direkt danach komplett aus seinem Bewusstsein ausgeblendet hatte. Seinem Kopf blieb somit nur der Weg, über körperliche Beschwerden das furchtbare Ereignis zu verarbeiten. Um ihn zusätzlich zu überzeugen, verwies ich auf viele verschiedene Beispiele, was Menschen nach dem 11. September alles durchgemacht hatten. Das öffnete ihm die Augen und war gleichzeitig eine Erleichterung für ihn.

Dann zeigte ich ihm Übungen zur Atmung, zur Meditation und zur Tiefenentspannung der Muskulatur. Ich wandte kognitive Interventionen an, indem ich z.B. fragte: „Dieses Geräusch, das Sie gehört haben, wo genau befinden Sie sich dabei? Was könnte dieses Geräusch noch verursachen? Versuchen Sie, dem Geräusch nicht nachzugeben." Ich schickte ihn zu einem Psychiater, der ihm Medikamente verschrieb. In relativ kurzer Zeit verbesserten sich seine psychologischen Beschwerden enorm und seine Schmerzen waren verschwunden.

# Philip M. Bromberg, PhD

Ich vertrete die Auffassung, dass die analytische Beziehung zwei Menschen die Möglichkeit bietet, einander auf einer Art und Weise zu begegnen, die es erlaubt, sich im Schatten des Dissoziierten zusammen zu finden. Während dieser gemeinsamen Reise wird die Beziehung zwischen Patient und Analytiker zu einem therapeutischen Raum, der „sicher, aber nicht zu sicher" ist, und in dem die dissoziativen Erlebnisse gemeinsam nachgestellt und durch Gedanken und Sprache im Hier und Jetzt kognitiv versinnbildlicht werden. Indem er aufrichtig als fühlendes Wesen an etwas teilnimmt, was noch einmal neu durchlebt wird, hilft der Analytiker der angeborenen Fähigkeit des Patienten auf die Sprünge, Vertrauen und Freude als Teil eines zunehmend geregelten Rahmens zu empfinden, welcher ein Leben mit Kreativität, Liebe, zwischenmenschlicher Spontanität und tieferem Sinn zulässt. Heilung und Weiterentwicklung sind somit die beiden untrennbaren Errungenschaften einer jeden erfolgreichen Behandlung.

## Danni Michaeli, MD

Obwohl meine Mutter durchaus Logik, Vernunft und die Vorteile moderner Medizin zu schätzen wusste, beeinflusste sie mich sehr mit ihrem Hang zu Esoterik und magischen Denken. Diese hatte sie von ihrem Vater, einem Gelehrten der Kabbala, der mystischen Tradition des Judentums, übernommen. Meine Mutter hat mich gelehrt, die unbegreiflichen Mysterien des Lebens zu erkennen und zu akzeptieren. In den prägenden Jahren meiner Kindheit erzählte sie mir zu meiner großen Freude von ihren umfangreichen Träumen, in denen sie mein verstorbener Großvater besuchte, oder sie berichtete en détail von ihren Visionen, wie zum Beispiel von dem „Licht", welches ihr Bewusstsein während meiner Geburt durchströmt hatte und welches sie als Zeichen für die Zukunft deutete.

Auch wenn ich ausgebildeter Schulmediziner bin, reizt es mich aufgrund meiner Erziehung, in den Sitzungen mit meinen Patienten das Konzept von Wundern und Magie zu erkunden.

Statt die Checkliste der neurotischen Symptome und psychischen Erkrankungen abzufragen, biete ich das Gespräch an und beziehe die spirituelle Dimension mit ein. Das gibt meinen Patienten die Möglichkeit, sich auf spielerische Art und Weise auf mich einzulassen. Ich stelle zum Beispiel die Frage „Was möchten Sie in dieser Welt erreichen?" und erwähne dieses Zitat des Autors Stephen Covey: „Wir sind keine menschlichen Wesen auf einer spirituellen Reise – wir sind spirituelle Wesen auf einer menschlichen Reise." Dieser Gedanke krempelt konventionelle Vorstellungen um und eröffnet meinen Patienten neue Möglichkeiten, ihre Erlebnisse zu interpretieren. Das kann befreiend wirken und zum Durchbruch in der Therapie führen.

Einmal hatte ich zum Beispiel einen Patienten, D., einen jungen depressiven Mann. Er vertraute mir an, dass er das Gefühl hatte, über ihm schwebe eine „dunkle Wolke", die ihm an allem die Freude nahm. Ich bat ihn sich vorzustellen, wie es wäre, wenn ein Kobold in der Wolke ständig seine Aufmerksamkeit erregen wolle, und das mit all den unfeinen Mitteln, die einem spirituellen Wesen in der materiellen Welt zur Verfügung stehen. Über diesen Einstieg war D. dann bereit, über seine prophetischen Träume und andere unerklärliche Phänomene zu sprechen. Dies führte ihn letztlich zu der schmerzlichen Einsicht, dass seine Eltern ihn schon immer gemieden und gefürchtet hatten.

Ich kann mir vorstellen, dass ein Großteil meiner Kollegen D.s Probleme als neurotische Störungen aufgrund dysfunktionaler Familienverhältnisse auslegen würden. Ich stimme ihnen zu, aber für den therapeutischen Prozess war es hilfreich, D.s Probleme in einer mystischen Weise zu betrachten.

Mit der Bitte, seine „dunkle Wolke" als spirituelles Wesen anzusehen, wurde die Behandlung um eine geheimnisvolle und spielerische Ebene bereichert, ohne die es unerträglich gewesen wäre, sich den eklatanten Mangel an elterlicher Liebe einzugestehen.

# Donna Bassin, PHD

Ich bin Psychoanalytikerin, Fotografin und Filmemacherin und somit vertraut im Umgang mit Worten und Bildern. Einerseits glaube ich, dass künstlerische Arbeit menschliches Leiden lindern kann, andererseits geht es mir in meiner Kunst auch immer darum, heilend auf die Gesellschaft einzuwirken.

Nach den Terroranschlägen am 11. September wurde ich vom Büro des Bürgermeisters beauftragt, die Stadt bei der Trauerbewältigung zu unterstützen. Man brachte mich gemeinsam mit Familienmitgliedern, die Sterbeurkunden unterzeichnen mussten, auf einem der ersten Schiffe zum Ort des Geschehens. Es war zutiefst erschütternd. In den darauffolgenden Nächten hatte ich schlimme Albträume. Was konnte ich tun? Ich habe eine Puppenstube in meiner Praxis und fing zwischen den Patiententerminen wie von selbst an, damit zu spielen.

Ich begann mit der Einrichtung des Puppenhauses und während ich die Möbel hin- und herrückte, fühlte ich mich unendlich hoffnungslos. Dann nahm ich meine Lochkamera und machte vom Ergebnis Aufnahmen mit 45-minütiger Belichtungszeit, der Länge einer therapeutischen Sitzung. Ich fotografierte und versuchte damit meinen Gefühlen Raum zu geben. Ich entwickelte die Aufnahmen und nannte mein Projekt „Das Nachleben der Puppen". Das war Selbsttherapie.

Nach dem 11. September wurde viel darüber geredet, wie Therapeuten das, was sie erlebt hatten, für sich verarbeiten würden. Die allseits diskutierte Frage war, wie Heiler ihre eigene psychische Gesundheit schützen können. Für mich war meine Kunst schon immer meine Therapie.

## Martin Bergmann, PhD

Ich versuche neuen Patienten den Einstieg zu erleichtern, indem ich beim ersten Termin sage: „Ich weiß, dass es nicht einfach ist, mit einem Fremden über sich selbst zu sprechen. Aber was sollte ich denn aus Ihrer Sicht wissen, um Sie besser zu verstehen?"

Ich schaue mir an, wie sie beginnen und mache mir inhaltliche Notizen. Ich achte auch auf das, was sie nicht sagen – auf ihre Abwehrmechanismen. Ich erkläre ihnen, dass es wichtig ist, alles auszusprechen, was ihnen in „freier Assoziation" einfällt. Dies ist die Grundregel der Psychoanalyse. Ich ermutige meine Patienten, nichts von dem, was ihnen durch den Kopf geht, zurückzuhalten oder zu zensieren.

Wenn ich die ersten Rückschlüsse gezogen habe, sage ich: „Nach dem, was Sie mir erzählen, verstehe ich es so…" Dann schätze ich ihre Einsichtsfähigkeit ein. Mit einigen Leuten kann man schneller in die Tiefe gehen, andere sind da extrem empfindlich. Je nachdem wie misstrauisch, verstört oder vertrauensvoll ein Patient ist, erkennt man, ob man sehr vorsichtig bei der Wortwahl sein muss oder nicht.

Nach und nach macht man sich ein Bild vom Gegenüber und dann führt man das Gespräch aus diesem Eindruck heraus. Je mehr man den Patienten kennenlernt, desto deutlicher wird das Bild. Bei all dem geht es mir nicht hauptsächlich um Veränderung. Ich versuche zu verstehen, was für den Patienten wichtig ist und gebe ihm oder ihr die Möglichkeit, selbst zu bestimmen, wo sie eine Veränderung anstreben.

Ich verwende auch Metaphern. Wenn sich jemand darüber beschwert, dass er nicht genügend Fortschritte macht, erzähle ich ihm zum Beispiel diese Geschichte: Treffen sich zwei Männer in Tel Aviv. Sagt der eine: „Dich habe ich ja schon lange nicht mehr gesehen!" Antwortet der andere: „Natürlich nicht, ich war ja in Südafrika." „Was hast du dort gemacht?", erkundigt sich der Erste. „Ich war auf Safari", entgegnet der Zweite, „und habe das ganze Jahr lang Löwen gejagt." „Das ganze Jahr?" fragt der Erste erstaunt. „Wie viele Löwen hast du denn erwischt?". Da empört sich der Zweite: „Wie viele ich erwischt habe? Keinen! Und was Löwen angeht, ist das eine ganze Menge!"

Ich erzähle diese Anekdote gern dann, wenn ein Patient mit sich unzufrieden ist. Sie versinnbildlicht die Tatsache, dass einige Ziele schwer zu erreichen sind. Eine ähnliche Metapher findet sich bei Alice im Wunderland, wenn Alice so schnell wie möglich laufen muss, nur um auf der Stelle zu bleiben.

Ich bin seit über fünfzig Jahren Analytiker und finde es immer noch erstaunlich, dass mir jeder Patient etwas Neues zu erzählen hat. Manche Patienten brechen mit so vielen Gedanken über mich herein, dass es fast verwirrend ist.

Es ist, als würde ich als Analytiker nicht nur mein eigenes, sondern auch das Leben zahlloser anderer Menschen leben. Deshalb glaube ich, dass ich eine Abmachung mit dem Tod habe: Ich schummele. Ich lebe mehr als ein Leben.

## Euginia Paik, LCSW

Ich beende gerade meine psychoanalytische Ausbildung und gelegentlich mache ich mir selbst Vorwürfe: „Ich sage alles falsch, denke nicht genug nach, denke zu viel nach." Das ist zu Beginn das größte Problem. Es gibt so viele methodische Ansätze – man versucht einen zu finden, der einem liegt. Gleichzeitig hört sich aber alles plausibel an; alles klingt richtig. Man wird verunsichert. Wie viel oder wie wenig sage ich einem Patienten? Man setzt sich ständig mit seinen Gedanken und Gefühle auseinander, in Sitzungen mit Patienten oder allein, in der eigenen Analyse oder bei der Supervision. Man kommt an den Punkt, an dem man sich fragt: „Warum hat uns keiner davor gewarnt, dass das am Anfang so verwirrend ist?"

Meine Supervisorin fragte mich: „Sie fühlen sich ineffektiv? Wie lange arbeiten Sie schon mit Patienten?" „Seit ungefähr drei Jahren", erwiderte ich. „Sie haben wirklich mehr zu geben, als Sie denken", beruhigte sie mich. „Machen Sie sich keine Sorgen, es wird schon. Seien Sie einfach für die Patienten da, das machen Sie gut." Das zu hören, half. Ich habe gelernt, die Selbstzweifel zu besänftigen und hinterfrage meine Empfindungen, um zu verstehen, woher sie kommen.

Ich lerne auch meine Gegenübertragung besser einzuschätzen. Natürlich verleiten mich manche Patienten auch zu dem Gedanken: „Ich bin absolut enttäuscht von Ihnen!" Aber ich kann dem mit Neugier begegnen und erlaube mir zu reflektieren. Ich bin mir meiner Emotionen bewusst, und dieses Bewusstsein hilft mir im Umgang mit meinen Patienten. So schwierig meine Ausbildung auch klingt, ich würde sie um nichts in der Welt tauschen wollen. Sie hat mir geholfen, nicht nur ein besserer Therapeut, sondern auch ein besserer Mensch zu werden. Meine Zweifel sind verständlich, normal und notwendig, um sich als Experte weiterzuentwickeln.

## Jacques Jospitre, MD, MBA

Am Anfang meiner beruflichen Laufbahn hatte ich es mit geriatrischen Patienten zu tun, die sehr oft bereuten, was sie in ihren Leben nicht erreicht hatten. Sie erzählten mir von den Dingen, die sie sich wünschten, getan zu haben, und was am Ende ihres Lebens wirklich zählte. Das hat meine Denkweise, mit welchen Entscheidungen ich mir selbst gesteckte Ziele erreichen will, wesentlich beeinflusst. Erzähl mir nicht, dass du zu wenig Zeit hast! Wenn du jung bist, wie ich es damals war, dann bleibst du dran. Ich war sehr zielstrebig und habe einen doppelten Abschluss in der Medizin und Betriebswirtschaftslehre gemacht.

Um meinen Background in Business mit einzubringen, richtete ich meine Praxis auf Patienten aus, die Probleme haben, vernünftig mit Geld umzugehen. Ich entwickele mit meinen Klienten eine Strategie, die uns hilft, ihr Verhalten zu verstehen und ihre finanziellen Angelegenheiten analysieren.

Als ich daran ging, mein Sprechzimmer einzurichten, wollte ich ganz bewusst ein Ambiente schaffen, in dem sich Leute wohlfühlen, die nie zu einem Psychiater gehen würden. Diese Art von Menschen hat einen Anwalt, einen Buchhalter, einen Finanzberater; in diesem Umfeld fühlen sie sich zu Hause. Deshalb habe ich mein Zimmer so eingerichtet, als ob ein Unternehmer hier arbeitet. Ich dachte, es könnte Menschen mit einer Aversion gegen Psychiatrie helfen, sich zu öffnen.

Meine Klienten haben eher das Gefühl, ein normales Gespräch zu führen, als analysiert zu werden. Sie sagen oft, dass sie das so nicht erwartet hatten, und fühlen sich schnell wohl. Auch ich bin entspannter in dem Wissen, dass meine Praxis und mein Stil zeigen, dass ich sowohl Psychiater als auch Unternehmensberater bin. Es funktioniert, sowohl für meine Patienten als auch für mich.

# Robert Porter, MD

1943 machte ich mein Praktikum bei der Armee im berüchtigten Saint Elizabeth Hospital, einem riesigen Kasten in Washington, DC. Damals waren noch Behandlungsmethoden wie Insulin- oder Elektroschocktherapie üblich. Ich war auch bei ein paar Lobotomien dabei. Ich bereitete im Operationssaal die Leukotomien vor, indem ich Löcher in die Schädel bohrte. Es war eine radikale Prozedur, wir waren jedoch häufig mit furchtbaren, nicht enden wollenden Depressionen konfrontiert und wirksame Medikamente gab es damals noch nicht. Einmal brachten sie Ezra Pound, den nazifreundlichen Dichter, zu uns. Es hieß, er wäre verrückt, aber sie rührten ihn nicht an, weil er prominent war.

Der schlimmste Fall war ein zwölfjähriger Junge, der sich weigerte zu baden und aufsässig war. Seine Stiefmutter mochte das gar nicht und brachte ihn zu Walter Freeman, dem berühmt-berüchtigten Chirurgen. Dr. Freeman war wirklich vollkommen hemmungslos. Er machte eine dieser transorbitalen Präfrontal-Operationen, bei der er den Jungen mit einem Eispickel traktierte. Der Junge überstand es und lebte bis ins hohe Alter. Neulich gab es einen Film über ihn, darin sagt er: „Zum Glück hat es mir nicht alle meine Gefühle geraubt."

Später wurde ich pädiatrischer Konsiliar- und Liaisonpsychiater in Spanish Harlem und behandelte Tausende von Kindern. Mich überraschte, dass meine jungen Patienten mich als Psychiater ganz gut einschätzen konnten. Sie waren anfangs etwas verängstigt, aber wenn ihnen klar wurde, dass ich sie nicht ins Gefängnis stecke, kamen sie gern wieder.

## Lisa Kentgen, PHD

Ich glaube, dass es Patienten mehr hilft, ihre Gefühle und ihr Körperempfinden im Hier und Jetzt zu erfahren, als wenn man sie dazu bringt, in ihren Kindheitserinnerungen nach einem vergessenen Trauma zu graben. Wenn man sich zu sehr auf die frühen Erlebnisse eines Patienten konzentriert, läuft man nach meiner Meinung Gefahr, die emotionsgeladenen Momente, die sich im Behandlungszimmer gerade abspielen, zu verpassen. Die Vergangenheit ist nicht unwichtig, aber wirklich maßgeblich ist sie nur dann, wenn der Patient sie aus eigenem Antrieb mit dem in Verbindung bringt, was in der Gegenwart in ihm vorgeht.

N., zum Beispiel, war eine junge Frau, die von einer Mutter aufgezogen wurde, die sie demütigte und ihre depressiven Gefühle permanent verharmloste. Während unserer Sitzungen schnitt N. in der Regel ein trauriges oder ärgerliches Thema an, um es dann gleich wieder wegzulächeln und ihre Empfindungen abzuschotten. Mir fiel auf, wie sie ihre Emotionen unterdrückte und ich ermutigte sie, sie zuzulassen. Das hatte sie in ihrer Kindheit nie gedurft. Dadurch war es ihr möglich, ihre Gefühle bei mir auszuleben, ohne sie herunterspielen zu müssen. Es zeigte sich, dass sie Angst davor hatte, tief im Innern hoffnungslos verzweifelt zu sein. Nachdem ich ihr jedoch versichert hatte, dass wir es gemeinsam durchstehen würden, wurde ihr bewusst, dass die starken negativen Gefühle weder sie noch mich bezwingen würden.

Viele Menschen glauben, die Erfahrung von Verletzlichkeit sei eine Schwäche. Tatsächlich kann es jedoch zu einer neuen Aufgeschlossenheit führen. Ich unterstütze meine Patienten dabei, ihre abgespaltenen Gefühle zu ergründen – seien es Angstzustände, Scham, Wut oder die Angst davor, weinen zu müssen und nicht aufhören zu können. Erst wenn diese unerträglichen Grundempfindungen im Beisein eines mitfühlenden Therapeuten durchlebt wurden, kann für den Patienten die Heilung beginnen.

| Mark J. Blechner, PHD

Eine sehr anständige Patientin von mir träumte einmal, sie wäre ein Einbrecher. „Ich wollte nachts in ein Gebäude einbrechen. Es hatte eine Lobby aus Marmor, messingverkleidete Aufzüge und einen Wachmann. Ich wusste, dass es im Keller Geld gab und genau das wollte ich stehlen. Um den Hals trug ich eine Taschenlampe, damit ich kein Licht einschalten musste. Wie ein Fassadenkletterer stieg ich den Fahrstuhlschacht hinunter. Ich schnappte mir das Geld und verstaute es in meinen Taschen. Der Wachmann hat mich gesehen, unternahm jedoch nichts."

Kurz vor diesem Traum hatte die Frau die Anzahl ihrer Therapiesitzungen bei mir erhöht. Ihrem Ehemann, der für die Stunden bezahlte, hatte sie bisher noch nicht davon erzählt. Sie war geübt darin, ihre Träume zu interpretieren und stellte sich die Frage: „Fühle ich mich schuldig wegen der zusätzlichen Kosten? Bestehle ich indirekt meinen Mann?" Auch eine sexuelle Auslegung des Traums war ihr eingefallen: „Die Taschenlampe ist phallisch und der Schacht vaginal. Die Kombination der beiden könnte auf Selbstbefriedigung hindeuten."

Ich gab ihr zu verstehen, dass all ihre Interpretationen zutreffen könnten. Doch mir war die Darstellung des Einbruchs aufgefallen und ebenso, dass es in meinem Gebäude eine Lobby aus Marmor gab. Ich fragte sie: „Haben sie in ihrem Leben jemals etwas gestohlen?" „An der Highschool habe ich ab und zu Kleinigkeiten in Läden mitgehen lassen", erklärte sie und fügte mit Nachdruck hinzu: „Aber seitdem nie wieder!"

Zur nächsten Sitzung kam sie sehr verlegen ins Zimmer und sagte: „Ich muss Ihnen etwas gestehen. Es fällt mir schwer, aber ich sag es trotzdem. Sie haben im letzten Monat einen Fehler in Ihrer Rechnung an mich gemacht. Sie gingen davon aus, dass ich den Vormonat schon bezahlt habe, aber dem ist nicht so. Ich habe mir gesagt, das ist sein Fehler, und damit nicht mein Problem!', aber als ich Ihnen von dem Einbruchs-Traum erzählt habe und Sie mich fragten, ob ich jemals etwas gestohlen hätte, wurde mir klar, dass ich Diebstahl begangen habe. Ich habe Sie für den Monat noch nicht bezahlt, deshalb habe ich hier den Scheck mitgebracht."

Dieser Vorfall mit dem Traum war der Wendepunkt in ihrer Behandlung. Sie berichtete von weiteren Träumen, die eine ganze Reihe von Vergehen zum Thema hatten. Und es wurde deutlich, dass sich hinter ihrem offenkundig tugendhaften Auftreten noch eine andere Seite voller lasterhaften Begehren verbarg, so wie bei jedem anderen auch. Nachdem sie diesen Teil von sich selbst erkannt hatte, brauchte sie nicht mehr so vehement gegen inakzeptable Begierden anzukämpfen, und sie wurde lockerer in ihrem Verhalten und ihren Ansichten.

## Grant Hilary Brenner, MD

Als Psychiater und Psychoanalytiker bin ich auf Traumatisierungen spezialisiert. Gelegentlich verlasse ich meine Praxis und reise in Notstandsgebiete dieser Welt, um gemeinsam mit Hilfsorganisationen Katastrophenhilfe zu leisten. Bei der Behandlung von Opfern des Hurrikans Katrina in New Orleans wurde ich Zeuge von großer sozialer Ungerechtigkeit, von Rassenkonflikten und Chaos. Die Betreuer der Notunterkünfte waren am Ende ihrer Kräfte und völlig überfordert. Auf die schier endlose Flut von Evakuierten waren sie nicht vorbereitet gewesen.

In einer der Unterkünfte rief man mich herbei, damit ich einen Mann untersuchte, der sich verwirrt und aggressiv verhielt. Er hörte Stimmen und hatte Visionen von Gott. Sein Verhalten begann für die vielen hundert Menschen in dem Notlager problematisch zu werden. Der Leiter der Unterkunft war im Umgang mit psychotischen Patienten unerfahren und hatte die Polizei gerufen. Diese hatte nun vor, ihn bis zur Stadtgrenze zu bringen und ihn dort einfach auszusetzen. Ich näherte mich dem psychotischen Mann und bat ihn, mir seine Geschichte zu erzählen. Er beschrieb daraufhin, wie er in seiner Wohnung festgesessen hatte und das Wasser immer höher Richtung Decke gestiegen war. Er hatte gedacht, er müsse sterben. In letzter Sekunde erst tat sich „wie ein Zeichen von Gott" im Dach ein Loch auf. Er ließ sich hinauftreiben und kletterte auf den First. Dort hatte er tagelang ausgeharrt, bevor er gerettet wurde. Er hatte keine Ahnung, was mit seiner einzigen Schwester geschehen war, ob sie tot war oder lebte. Er war aufgebracht, weil er den familiären Rückhalt verloren hatte. Das erklärte ich auch dem Leiter und der Polizei. Am Ende schafften wir es, den traumatisierten Mann zu beruhigen und er konnte in der Unterkunft bleiben und dort behandelt werden.

## Jane Simon, MD

Sigmund Freud hielt nicht viel von der Behandlung älterer Personen; nach seiner Meinung machte die Psychoanalyse bei Menschen über fünfzig keinen Sinn. Meine Erfahrung hat mich jedoch gelehrt, dass die Fähigkeit zur Veränderung unabhängig vom Alter ist. Hier sind einige Höhepunkte aus meiner psychotherapeutischen Behandlung eines 85-jährigen Patienten.

P. hatte seinen Abschluss an der örtlichen Highschool gemacht, nie geheiratet und war nach jahrelanger Tätigkeit für ein Unternehmen in den Ruhestand getreten. Er wuchs als Kind griechischer Einwanderer auf, die wenig mit ihm oder miteinander sprachen. In ihrem einfachen, beschaulichen Leben war er eher außenstehender Beobachter.

Nachdem seine ältere, verwitwete Mutter gestorben war, litt P. jahrelang an Schuldgefühlen, weil er meinte, dass er in ihren letzten Jahren nicht gut für sie gesorgt hatte. Als seine Freunde einer nach dem anderen wegzogen oder starben, fühlte er sich zunehmend isoliert und hoffnungslos. Seine gesellschaftlichen Kontakte beschränkten sich auf gelegentliche Familientreffen mit seinen Nichten und Neffen. Anfangs war die Behandlung auf die Linderung seiner körperlichen Symptome ausgerichtet: er klagte über unspezifische Beschwerden und Schmerzen sowie darüber, dass er in seiner Wohnung permanent einen unangenehmen Geruch wahrnahm. Der Neurologe konnte nichts Ungewöhnliches feststellen, was die beeinträchtigte Geruchswahrnehmung erklärt hätte.

Ich ermutigte P. sein soziales Netzwerk zu erweitern und er schloss sich einem Seniorenclub an. Dort traf er sich zum gemeinsamen Mittagessen und zum Kartenspielen. Nachdem er wieder Kontakt zu anderen Menschen aufgebaut hatte, verschwanden seine Geruchsstörungen, und die körperlichen Beschwerden wurden deutlich weniger. Er war nun auch bereit, das tägliche Fitnessprogramm einzuhalten, welches ihm in der Vergangenheit schon des Öfteren empfohlen worden war.

Jahrelang saßen wir uns in den wöchentlichen Sitzungen gegenüber, bis ich ihn eines Tages bat, sich auf die Couch zu legen. In der liegenden Position war er sich seiner selbst weniger bewusst und ließ seinen Gedanken freien Lauf. Er schrieb seine Träume in einem kleinen Notizbuch auf. Ein Durchbruch kam mit einem Traum, in dem er und seine Schwester schmutzige Wäsche im Briefkasten fanden. Dadurch kamen über sechzig Jahre alte Erinnerungen an die Oberfläche: Das zeitweilige Verschwinden seiner Mutter, als er drei Jahre alt war, und das nie erklärt worden war. Hatte die Mutter eine Affäre gehabt? Die dunklen Geheimnisse von Onkel und Tante, über die er die Freunde seiner Eltern hatte munkeln hören und die in der Familie totgeschwiegen wurden. Ihm wurde bewusst, dass der Modus Operandi seiner Eltern darin lag, die Stabilität durch Schweigen aufrechtzuerhalten. Die schmutzige Wäsche war eine Metapher für die Geheimnisse seiner Familie, woraus sich das distanzierte Verhalten seiner Eltern erklärte.

Als junger Mann war P. dem Vorbild seiner Eltern gefolgt und hatte sich im Leben stets im Hintergrund gehalten, indem er sozialen Umgang mied und sich bei Fragen und Kontroversen raushielt.

Die Metapher der schmutzigen Wäsche und die dadurch ausgelösten Erinnerungen halfen P. dabei, seine Ängste zu überwinden und offener im Umgang mit Fragen und in Gesprächen zu sein.

# Mark Epstein, MD

Ich hörte zum ersten Mal vom Buddhismus als ich im College war. Ich hatte einen Kurs über die Geschichte der Weltreligionen belegt und las in der berühmten buddhistischen Spruchsammlung, *Dhammapada*, eine Passage mit der Überschrift „Verstand".

In dieser Passage wurde das ungeübte Bewusstsein mit einem auf den Boden geworfenen Fisch verglichen, der den ganzen Tag zittert, was einen tiefen Eindruck auf mich machte. Während der nächsten paar Jahre hatte ich das große Glück, einige der ersten westlichen Achtsamkeitstrainer zu treffen, von denen ich sehr viel über Meditation lernte, bevor ich anfing, Medizin zu studieren, um Psychiater zu werden. Der Buddhismus hat mich gelehrt, dass man seine Gedanken so lenken kann, dass sie nicht den ganzen Tag zittern. Es war möglich, eine Geisteshaltung einzunehmen, die die Welt der Gefühle aus einer ausgeglichenen, toleranten Akzeptanz heraus betrachtet.

In der psychoanalytischen Fachliteratur stieß ich auf viele Parallelen dieser Grundeinstellung, besonders in den Schriften von D.W. Winnicott. Dieser Pädiater und Psychoanalytiker vertrat die Auffassung, dass Eltern „ausreichend gut" sind, wenn sie für die Gefühle ihrer jungen Kinder eine „haltende Umwelt" schaffen. In einer solchen emphatischen Frühbeziehung fühlen sich die Kinder körperlich und seelisch aufgehoben. Eltern, die ihren Kindern gegenüber so präsent sind, die nicht zu erdrückend oder ablehnend sind, geben ihren Sprösslingen mehr Spielraum, sich selbst kennenzulernen. Wenn Kindern diese Art von elterlicher Präsenz fehlt, entwickeln sie das, was Winnicott ein „falsches Selbst" nennt, dessen Hauptfunktion es ist, Gefühle, die als unzulässig empfunden werden, zu maskieren.

Sowohl in der Psychotherapie als auch in der Meditation versuchen wir diese, für eine natürliche Eltern-Kind-Beziehung unerlässliche, „haltende Umwelt" nachträglich bereitzustellen. Winnicott postuliert, dass der Therapeut den Patienten, die das Spielen verlernt haben, wieder beibringt zu spielen. Ich glaube, dass Psychotherapie wie eine interpersonelle Meditation funktioniert, in der das zitternde Bewusstsein lernt, sich selbst mit Weisheit, Empathie und Humor zu begegnen. So gesehen ist jede Therapie ein Spiel.

## Pamela Thorp, LCSW

Ich bin klassisch ausgebildete Psychotherapeutin, doch seit Kurzem nutze ich auch die EMDR-Therapie (Eye Movement Desensitization and Reprocessing) als Behandlungsmethode. Der theoretische Ansatz von EMDR besagt, dass bei einem erlittenen Trauma die belastenden Erinnerungen mit all den originalen Bildern, Ansichten, Emotionen, Körpererfahrungen und Sinneswahrnehmungen im neuronalen Netzwerk des Gehirns isoliert abgespeichert werden.

Traumatische Erinnerungen unterscheiden sich von „unglücklichen" in der Regel darin, dass sie nicht uneingeschränkt abrufbar sind. Aus dem Unterbewusstsein heraus haben sie eine verheerende Wirkung. Fühlt sich der Patient durch irgendetwas an das abgespaltene traumatische Erlebnis erinnert, brechen all die ursprünglich erlebten Gefühle – Panik, Angst, Entsetzen – unvermittelt erneut über ihn herein.

EMDR setzt visuelle, akustische und taktile Stimulation in der Form von zweiseitig ausgerichteten Signalen ein. Beispielsweise hat die Konsole, die ich benutze, abwechselnd blinkende Lichter und Pieptöne, auf die ich meine Patienten bitte, sich zu konzentrieren. Wir verstehen noch nicht genau den Mechanismus dahinter, doch wenn sich ein Patient traumatische Erlebnisse eindringlich in Erinnerung ruft, während er dieser Form der bilateralen Stimulation ausgesetzt ist, hilft es oft, sein Leiden zu lindern. Es ist, als würden die eingefrorenen Erinnerungen gelöst und letztendlich auf gesunde Art und Weise vom Gehirn verarbeitet.

Ich hatte als Patientin eine 44-jährige Frau, C., die sich kaum an Einzelheiten ihrer Kindheit erinnern konnte und überzeugt war, dass sie ein Freund der Familie sexuell missbraucht hatte. Als ich sie zu ihrer Vergangenheit befragte, konnte sie oft nur den Kopf schütteln und sagen: „Ich weiß es nicht." Ebenso war es ihr unmöglich zu formulieren, was sie in diesem Moment empfand. Ihre soziale Angst war derart ausgeprägt, dass sie mir kaum gegenübersitzen konnte. Sie war eindeutig traumatisiert.

Ich gab C. vibrierende „Thera-Tapper" in die Hände und bat sie, den Lichtpunkten auf der Konsole von links nach rechts zu folgen. Als sich dabei in einer Sitzung ihre Augen rasch hin und her bewegten, fragte ich sie: „Was geschieht gerade in Ihrem Köper?" Sie erwiderte: „Ich spüre etwas in meiner Brust." „Richten Sie Ihre Aufmerksamkeit auf dieses Gefühl", bat ich sie. Sie konzentrierte sich auf ihr Inneres, um weitere Gefühlsregungen zu erkunden. Hin und wieder tat sich ein Bild, ein Erinnerungsfragment auf. Weitere Informationen kamen zu Tage, die sie wiedererkannte. Und mit einem Mal verlor sie die Fassung. Sie wimmerte leise wie ein kleines Mädchen. Dann sagte sie mit ihrer erwachsenen Stimme: „Nicht ein Freund hat mich missbraucht – es war mein Bruder." Es bedurfte noch einiges an Therapie, doch am Ende ihrer Behandlung konnte diese Patientin von sich sagen: „Ich fühle mich anders als zu Beginn der Behandlung. Ich fühle mich erwachsener. Ich habe die Kraft, mich selbst zu schützen."

## Richard M. Berlin, MD

Woran sich ein Psychiater erinnert

Ich erinnere mich an den Regen, der auf ein grünes Blechdach
prasselt, das Licht zu jeder verordneten Stunde.

Ich erinnere mich an Parfüme und den Angstschweiß,
der den großen Ledersessel mochte

und sich so oft in Sofaritzen verkroch.
Ich erinnere mich an wachsende Geheimratsecken,

an füllige und abgemagerte Gesichter
verwehten Schnee, der in der Sonne schmolz.

Ich erinnere mich an leere Menschen, die meine Worte aufsogen
und an andere, die voll von sich selbst waren.

Ich erinnere mich an unsichtbare Familien,
die ich wie auf einem alten Foto vor mir sah,

wie Menschen, die neue Texte einstudieren,
Schauspieler auf der Bühne einer fremden Stadt.

Ich erinnere mich an feurige Männer und Frauen,
und Erfrorene, die mich um ein Zündholz baten.

Ich erinnere mich, als ich die Sitzung
mit einem Mann vergaß, dessen Worte

mich peitschten wie seines Vaters Gürtel,
an meine kleine Amnesie für Jahrestage,

an was wer wann sagte,
und wie sehr meine Gedächtnislücken sie trafen.

Ich erinnere mich wie meine Patienten da zu sitzen,
als die Zeit abgelaufen war,

ganze Leben in fünfzig Minuten erfasst,
wie ich mich manchmal vor Verblüffung

zu weit in meinen Lehnstuhl zurücklehnte
und die Angst vor dem Fallen spürte.[5]

## Maria Taveras, LCSW

Ich praktiziere die analytische Therapie nach C.G. Jung, weil ich fest davon überzeugt bin, dass Kreativität eine große Rolle dabei spielt, Patienten zu heilen und ihrem Leben einen Sinn zu geben. Mich reizt bei Jung, dass er Konflikte durch ein Prisma der kreativen Phantasie betrachtet (nicht wie Freud, der hinter allem eine sexuelle Triebfeder sieht). Jung vertritt eine Ich-Theorie, die sich mit den unbewussten Vorstellungen beschäftigt, die spontan, unabhängig und zweckgerichtet entstehen, wie es zum Beispiel in unseren Träumen der Fall ist.

Durch die Ausbildung zur Jungschen Psychoanalytikerin habe ich meine eigene Kreativität ergründet, indem ich Skulpturen und Gemälde archetypischer Figuren erschuf. Dabei ließ ich mich von meinen Träumen inspirieren.

Den Drang, mich künstlerisch entfalten zu wollen, verspürte ich erstmals, als ich vor zwanzig Jahren nach einem Besuch des Jung-Instituts in Zürich zurück nach New York kam. Ich hatte mehrfach von einer Frau geträumt, die von Schlangen umschlungen war, und deutete es als Zeichen für meinen Wunsch nach Selbstveränderung. Das deckt sich mit der Interpretation von Jung, der Schlangen als Vorboten der Veränderung sieht. In einem meiner Träume befahl mir eine Stimme, diesen Bildern eine Form zu geben. Ich hatte nie zuvor mit Ton gearbeitet, doch ich hörte auf mein Unterbewusstsein und bin bis heute künstlerisch tätig. In meinem Behandlungszimmer befinden sich ein paar meiner Werke, sowohl Skulpturen als auch Gemälde. Als ich begann, meine Werke in meinen Praxisräumen auszustellen, reagierten viele meiner Patienten positiv darauf und ein paar inspirierte es sogar, ihrer eigenen Kreativität freien Lauf zu lassen. Einige taten das, indem sie begannen, Gedichte zu schreiben oder Musik zu machen. Wir alle, ich selbst eingeschlossen, suchen über die kreative Entfaltung den Weg zu einem erfüllten und authentischen Leben.

# Craig Katz, MD

Die psychiatrische Notfallambulanz hat mich schon immer fasziniert. Ich mag die frischen psychiatrischen Fälle, auf denen noch keiner seine Fingerabdrücke hinterlassen hat. Die Notaufnahme ist oft unberechenbar und hochexplosiv. Ich liebe diese Energie – das Chaos, das Drama, das Adrenalin, gefährliche Situationen, in denen es um Leben und Tod gehen kann.

Ich kann sehr bestimmend im Umgang mit Patienten sein, mehr als ich es sonst in meinem Leben bin. Außerhalb meines Berufs würde ich mich eher als Softie bezeichnen, doch bei einem agitierten Patienten bin ich das genaue Gegenteil. Dort genieße ich es, die Autoritätsperson zu sein. Als Notfallpsychiater kann ich sehr entschieden auftreten und mache klar, wo die Grenzen sind. Ich bin gern derjenige, der eine hochbrisante Situation entschärft.

Einmal hatten wir einen Patienten mit bipolarer Störung, der mit einem Stock eingeliefert wurde. Unser Team beschloss, dass er ihn behalten konnte. Das war ein Fehler. Er tigerte im vollbesetzten Warteraum auf und ab und fuchtelte dabei unkontrolliert mit seinem Stock herum. Es war nur eine Frage der Zeit, bis jemand eins auf die Mütze bekommen würde, und die beiden Sicherheitsleute gingen bereits auf Abstand. Mir war klar, dass ich ein enormes Risiko einging, aber ich schritt ein. „Ich will, dass Sie das beiseite legen. Sie müssen sich setzen!" Der Mann schwang den Stecken in meine Richtung, senkte dabei seinen Arm und verfehlte knapp mein Ohr. „Das ist weder eine gute Situation für Sie noch für mich. Wir haben hier unsere Sicherheitsbestimmungen, also geben Sie mir jetzt den Stock!" Er hielt den Griff umklammert und sah mir widerspenstig in die Augen. „Entweder geben Sie mir das Ding freiwillig oder wir zwingen Sie dazu!" Den Stock immer noch in der Hand, beugte er sich vor und zielte auf mich. Ich erstarrte unwillkürlich und stellte mich instinktiv auf den unvermeidlichen Schlag ein, und dann, ohne weiteren Aufhebens, übergab mir der Mann seine Waffe und sank an der Wand in sich zusammen.

Es hätte leicht auch anders ausgehen können. Ich hätte verletzt werden können, vielleicht sogar erheblich. Doch als Arzt riskiert man das und geht mit gutem Beispiel voran.

# Christa Balzert, PHD

Ich stamme aus Deutschland, aber ich lebe und arbeite in Manhattan, wo ich eine gute Anzahl von jüdischen und deutschen Patienten behandele. Da ich immer noch einen starken Akzent habe, ist die jüdisch-deutsche Frage im privaten wie im Berufsleben allgegenwärtig. Manchmal ist es Auslöser für Misstrauen und Abwehr, doch es kann auch zu wichtigen und herausfordernden Fragen führen: „Wie gehen wir mit der Geschichte um, sowohl der unseren als auch der der anderen? Wie können wir lernen, einander zu vertrauen, wenn unsere Vorfahren sich in der Vergangenheit gegenseitig Leid zugefügt haben? Wie bauen wir unsere Abwehrhaltung ab und erkennen die Realität an?"

K., ein jüdischer Patient, und ich kamen stillschweigend überein, die Augen vor der Tatsache zu verschließen, dass dieses Thema für uns beide schwierig war. Wir hatten etwa ein Jahr lang gut miteinander gearbeitet, als wir den August über eine Pause einlegten. Bei der Verabschiedung nach der letzten Sitzung wünschte mir K. einen schönen Urlaub in Israel. Ich war verblüfft, denn ich hatte nichts dergleichen geplant. Ich „vergaß" die Bemerkung, als wir im September die Behandlung fortsetzten. Monate später erwähnte er meinen israelischen Akzent und erst da wurde mir bewusst, dass er sich aufgrund der positiven Zusammenarbeit nicht eingestehen konnte, dass ich Deutsche war; ebenso wie ich seine Annahme „vergessen" hatte, dass ich den August in Israel verbringen würde. Die Konfrontation mit der Wirklichkeit führte zu einer konstruktiven Auseinandersetzung mit der Vergangenheit seiner Familie in Deutschland, ebenso wie zu einem ehrlichen Gespräch über meine Herkunft. Ich gewann dadurch ein tieferes Verständnis für seinen Hang zum Ausblenden, dank dem er sich die Realität zurechtbog. Mich persönlich machte es darauf aufmerksam, wie bereitwillig ich diesem Thema aus dem Weg ging.

# Anni Bergman, PHD

In den 1970er-Jahren betreiben Margaret Mahler, Fred Pine und ich eine Forschungsstudie an dem Masters Children Center in New York, die wir in dem Buch *„Die psychische Geburt des Menschen. Symbiose und Individuation"* veröffentlichen. Wir beobachteten Mütter und ihre Kinder in einem sehr großen Spielzimmer, das wie ein natürlicher Kinderspielplatz war. Die kleinen Kinder sind von der Mutter fort- und wieder zu ihr hingelaufen. Wir haben diese Interaktionen im Detail studiert. Wie verhält sich das Kind ohne die Mutter? Was fühlt die Mutter, wenn das Kind wegrennt? Ist sie ängstlich? Denkt sie, „das Kind ignoriert mich, jetzt werde ich es ignorieren?"

Ich werde es nie vergessen, da war dieses kleine Mädchen, sie lief von ihrer Mutter weg, sie lief und lief und lief und drehte sich nicht einmal um! Und die Mutter unterhielt sich völlig entspannt mit den anderen Müttern. Zuerst dachten wir, das ist eine schlechte Mutter, sie hat keine stabile Bindung zu ihrem Kind. Aber dann wurde uns klar: Ab einem gewissen Alter will und muss das Kind sich von der Mutter trennen! Das Kleinkind übt sich darin, unabhängiger zu werden, es will die Welt entdecken. Uns wurde bewusst: Das ist ein normaler Entwicklungsschritt. Es ist extrem wichtig für das kleine Kind, ein eigenes, von der Mutter losgelöstes, individuelles Selbst zu entwickeln. Zu der Zeit war das eine völlig neue Idee. Und diese Beobachtung wurde zu einem wichtigen Bestandteil unserer *Loslösungs- und Individuations-Theorie*.

Meine Praxis ist ganz anders als das große Spielzimmer. Hier versuche ich eine geschützte Welt zu schaffen, in der Kinder die Freiheit haben, sich zu entfalten und zu erforschen. Das ist kein Büro für Erwachsene, in dem ein bisschen Spielzeug herumliegt. Die Dekoration hat sich über Jahre hinweg entwickelt. Die Fächer zum Beispiel sind aus Mexiko, und die Puppen habe ich von Margaret Mahler geerbt.

Wenn ein Kind zum ersten Mal hereinkommt, sage ich: „Hallo, komm herein, das ist mein Zimmer, ich habe viel Spielzeug, hier können wir zusammen spielen und uns unterhalten." In meiner Arbeit bin ich an der Bedeutung von Verhalten interessiert. Wenn ein Mädchen mit einer Puppe spielen will, hole ich sie herunter. Wenn das Mädchen anfängt, die Puppe zu hauen, würde ich nicht sagen: „hör auf, die Puppe zu schlagen", sondern: „du musst sehr böse auf die Puppe sein, um sie so zu schlagen." Ich würde mich weiter vortasten, tiefer und tiefer in die Innenwelt des Kindes.

# Charles Brenner, MD

Im Jahr 2005 suchte ich Dr. Charles Brenner auf, der ein halbes Jahrhundert lang als Dekan der Amerikanischen Psychoanalyse galt, und dessen herausragender Ruf mich faszinierte und einschüchterte. Zu dem Zeitpunkt war Dr. Brenner bereits im Ruhestand, doch ich wollte ihn unbedingt für mein Projekt gewinnen und ergriff die Gelegenheit, ihn in seinem Arbeitszimmer zu Hause zu fotografieren. Obwohl er meine Bitte um ein Interview verneinte, gestattete er es mir, ihn in seinem eleganten Apartment auf der Upper East Side zu besuchen. Seine Frau war vor kurzem verstorben, und er schien mir in seiner Erscheinung viel fragiler als seine Reputation und sein Verhalten am Telefon vermuten ließen.

Ich versuchte, ein paar Aufnahmen von ihm zu machen, wie er an seinem Schreibtisch saß und ein Buch las, doch es gelang mir nicht so recht, seine kompromisslose, eloquente und leidenschaftliche Persönlichkeit, für die er bekannt war, einzufangen. Ich schlug vor, dass wir im Wohnzimmer einen anderen Hintergrund ausprobieren und sah dort das Schachspiel auf dem Regal. Dr. Brenner erzählte mir, dass er in jüngeren Jahren Schach gespielt hatte, also bat ich ihn, sich am Schachbrett zu positionieren. Seine Haltung straffte sich, er sah mir prüfend in die Augen, was er sichtlich genoss, und verwandelte sich in die Autoritätsfigur, für die er bekannt war. Ich platzierte meine Kamera schnell auf einem Stativ gegenüber dem Schachbrett und versuchte den Moment einzufangen, während sein Blick mit unnachgiebiger Bestimmtheit auf mir ruhte.

Als ich Dr. Brenner aus verschiedenen Blickwinkeln fotografierte, erwähnte er beiläufig, dass Freud in den Kaffeehäusern von Wien Schach gespielt hatte. Freud hat bekanntermaßen die Psychoanalyse mit dem Schachspiel verglichen, indem er argumentierte, dass man sich bei beiden Tätigkeiten jeweils nur die Schritte zur Eröffnung und zur Beendigung einprägen kann, während der Mittelteil einer unendlichen Vielfalt unterworfen ist.

Später habe ich mich gefragt, was mich dazu brachte, Dr. Brenner an seinem Schachbrett abzulichten. Mir wurde bewusst, dass das königliche Spiel für mich eine Metapher war, da es Dr. Brenners regelgebundenen, logischen Ansatz der Psychoanalyse widerspiegelte. Und es besteht kein Zweifel: Charles Brenner war ein großer Meister seines Fachs.[6]

## Über den Fotografen und Autor

**Sebastian Zimmermann** arbeitet als Psychiater in seiner Praxis auf Manhattans Upper West Side und ist nebenberuflich als Fotograf tätig. Seine Fotos wurden in zahlreichen Zeitschriften und Magazinen veröffentlicht, der *New York Times, Spiegel Online, F-Stop Magazine, Wiener Zeitung, Daily Mail, L'Oeil de la Photographie, 20 Minutos* and *Esquire Russia*. Sebastian Zimmermann hat Fotografie am International Center of Photography und mit Arlene Collins studiert. Er lebt mit seiner Frau, der Filmemacherin Renée Silverman, und seinen zwei Kindern in Manhattan.

ÜBER DIE VERFASSERIN DES GELEITWORTES

**Elizabeth Danze** ist Professorin für Architektur an der University of Texas in Austin. Sie ist Autorin zahlreicher Artikel über Architektur und Psychologie. Elizabeth Danze ist Mitherausgeberin von Center, Volume 17: *Space and Psyche*, eine Sammlung von Essays, die den Dialog zwischen Architektur und Psychoanalyse zum Thema hat.

# Quellenangaben

1  Republished with permission of Taylor and Francis Group LLC Books, from „Unformulated experience: from dissociation to imagination in psychoanalysis", Donnel Stern, Routledge, 2003, S. 51–52; permission conveyed through Copyright Clearance Center, Inc. 2019

2  Republished with permission of Taylor and Francis Group LLC Books, from „The therapist as a person: life crises, life choices, life experiences, and their effects on treatment", Barbara Gerson, The Analytic Press, 1996, S. 5–6; permission conveyed through Copyright Clearance Center, Inc. 2019

3  Republished with permission of Taylor and Francis Group LLC Books, from „Prologue to violence: child abuse, dissociation, and crime", Abby Stein, The Analytic Press, 2007, S. 39; permission conveyed through Copyright Clearance Center, Inc. 2019

4  Albert Ellis, Rational Emotive Behavior Therapy Workshop, 2006

5  Richard M. Berlin, How JFK killed my father, Pearl Editions, 2004, S. 52–53

6  Dieser Text beschreibt die Erfahrungen des Autors, als er im Jahr 2005 die Gelegenheit hatte, Dr. Brenner zu fotografieren.

## Verzeichnis der Therapeutinnen und Therapeuten

| | | | | | |
|---|---|---|---|---|---|
| Christa Balzert, PHD | 106 | Mark Epstein, MD | 96 | Euginia Paik, LCSW | 82 |
| Kate Bar-Tur, LCSW, FIPA | 18 | Allen Fay, MD | 60 | Robert Porter, MD | 86 |
| Donna Bassin, PHD | 78 | Jacqueline Hott, PHD | 46 | Arnold D. Richards, MD | 52 |
| Anni Bergman, PHD | 108 | Jacques Jospitre, MD, MBA | 84 | Bertram H. Rosen, MD | 40 |
| Maria Bergmann, PHD | 50 | Lee D. Kassan, MA, LPsyA | 36 | Marsha Rosenberg, MD | 28 |
| Martin Bergmann, PHD | 80 | Craig Katz, MD | 104 | William L. Salton, PHD | 72 |
| Richard M. Berlin, MD | 100 | Lisa Kentgen, PHD | 88 | Albert J. Sbordone, MSW, PHD | 70 |
| Mark J. Blechner, PHD | 90 | Otto F. Kernberg, MD | 56 | Allan N. Schwartz, PHD | 74 |
| Charles Brenner, MD | 110 | Roy Kremberg, MD | 48 | Jane Simon, MD | 94 |
| Grant Hilary Brenner, MD | 92 | Dayna Kurtz, LCSW | 32 | Terry Smolar, PHD | 22 |
| Philip M. Bromberg, PHD | 62 | Richard Lacy, MD | 42 | Abby Stein, PHD | 54 |
| Barbara Chasen, PHD | 34 | Steven J. Lee, MD | 68 | Donnel B. Stern, PHD | 12 |
| Christopher Christian, PHD | 24 | Henry Zvi Lothane, MD | 16 | Maria Taveras, LCSW | 102 |
| Naomi J. Davidson, LCSW | 64 | Danni Michaeli, MD | 76 | Pamela Thorp, LCSW | 98 |
| Michael Eigen, PHD | 20 | Ernesto Mujica, PHD | 30 | Kirkland C. Vaughans, PHD | 44 |
| Ken Eisold, PHD | 26 | Samera Nasereddin, MSSC, FIPA | 58 | Jamieson Webster, PHD | 14 |
| Albert Ellis, PHD | 66 | Teruko S. Neuwalder, MD | 38 | | |

## Danksagung

Mein besonderer Dank gilt den folgenden Personen, ohne die die Realisierung dieses Buches nicht möglich gewesen wäre: Arlene Collins für ihre künstlerische und technische Betreuung, Stanislav Ginzburg für seine versierte Bildbearbeitung, Maria Mayer Feng für ihr tadelloses Design und Ernesto Mujica für seine unentbehrlichen Kontakte und Unterstützung; Peter Miller für das Redigieren der englischen Texte und Lee Kassan für seine Beratung.

Ich bin besonders Professor Elizabeth Danze zu großem Dank verpflichtet. Ihr poetischer Essay „Der Therapeutische Innenraum" hat mein Buch um eine bedeutsame, architektonische Perspektive erweitert.

Ich bedanke mich bei Ruprecht Poensgen und dem Team des W. Kohlhammer Verlags für die persönliche Betreuung der deutschen Ausgabe. Dank sage ich auch meinem Vater Willi Zimmermann und meinem Onkel Gerhard Paar für ihre hilfreichen Hinweise sowie Michael-Serge Schindler für seine freundliche Hilfe bei der Realisierung dieses Buches.

Mein herzlichster Dank gebührt allen Psychotherapeuten und Psychotherapeutinnen, die mir die Türen zu ihren privaten Praxen geöffnet und meine vielen Fragen beantwortet haben. Ich weiß ihre Freundlichkeit, Geduld und Offenheit sehr zu schätzen. Viele von ihnen sind zu Freunden geworden. Während meiner fotografischen Reise durch ihre Arbeitszimmer habe ich viel von ihnen gelernt.

Am meisten bedanke ich mich bei meiner Frau, Renée Silverman, nicht nur für das Redigieren der Texte, sondern auch für ihre liebevolle Unterstützung und ihr Engagement.